守望者
The Catcher

阅读　你的生活

RIVER KINGS

A NEW HISTORY OF
THE VIKINGS FROM SCANDINAVIA
TO THE SILK ROADS

维京人新史

从斯堪的纳维亚到丝绸之路

卡特·贾曼 著
(Cat Jarman)
王蓉 译

中国人民大学出版社
·北京·

献给祖母

序言

红玉髓珠

1982年我出生的那个夏天,在宁静的雷普顿(Repton)乡村德比郡(Derbyshire),发掘维京人冬令营的考古学家们在集体墓葬中近300具错乱的骸骨间发现了一颗橘红色的小珠子。在接下来的35年,没人记得这颗珠子的存在。藏在塑料盒里的珠子只等着被存放在博物馆档案的深处,或是摆放在灯光明亮的展柜里,在某个下着雨的星期天的下午令好奇的孩子和爱争论的父母赞叹不已。2017年,我偶然拿到了这颗珠子。那一刻,解开雷普顿墓葬之谜的工作便成了我生命中非常重要的一部分。我花了5年多时间用法医技术检查尸骨,将病理报告与化学分析中的碎片信息拼凑起来,试图了解他们是谁,来自何方。当时我并不知道这颗珠子会将我对维京人的研究带向全新的方向，而且彻底改变了我对维京时代的认识。

它是我在一个大塑料盒里发现的，藏在有数百个袋子、盒子和信封的雷普顿文物档案中。一天傍晚，一位同事将所有这些材料拖到我的住处，第二天早晨我开始慢慢翻这些盒子，想大致了解要做的工作。40年来的专家报告、插图及20世纪七八十年代发掘出土的9 000多件文物送到我手中，有助于我将这些档案公开。还有大量文物，送去德比郡博物馆前需全部分析、绘制和拍照。雷普顿出土的文物有1 300多年历史，展现了跨越历史长河的真实历程：从史前遗址和罗马起源，到遭维京人亵渎的盎格鲁-撒克逊修道院，之后在诺曼城堡和奥古斯丁小修道院短暂停留，再到现今的牧师住所、教堂和著名公立学校。这些物件分别来自不同时期：罗马瓷质胸针，旁边是中世纪彩绘玻璃窗碎片，还有19世纪的骨质牙刷，再旁边是盎格鲁-撒克逊时期的梳子。看到这些，我感觉自己像个完成任务后在玩具店撒欢的孩子。

珠子被仔细地裹在薄纸中，外面包着透明包装袋。中部呈橘红色、边缘发棕，约1厘米长、0.5厘米宽，切割齐整、棱角分明，外表光滑锃亮。只是一侧有些许划痕，孔里藏了些土，除此之外珠子保存完好。从外观看不出其年月，说是21世纪的时装首饰也不为过。仅靠观看我是辨不出年月的。我从袋里拿出上面的标签。标签上有一串数字、文字和字母，只有懂行人才识得。因为在考古发掘中，每件物品都会有仔细的记录，以军事精准度记录其来龙去脉，这样才能在数十年甚至几世纪后重构当时的情况。

29.8.82，Tr8.3710，703 [圆圈]，很深的深黑

序言 红玉髓珠

将这些代码译成通俗易懂的话，是说这颗珠子在1982年夏末被发现与集体墓葬埋在同一墓坑中，也就是我用了6年时间研究的墓。圈出的数字"703"代表其被发现时所在的具体环境或土层。土壤据描述是非常深的颜色，表明其中有机物含量高。也就是说，这片土地上的人类活动丰富。我翻阅了8卷出土文物清单，想确认这颗珠子是同维多利亚时期、维京时代还是罗马时期的文物一起被发现的。同层还发掘了各种各样的物件。有盎格鲁-撒克逊人的彩绘玻璃窗碎片，有一块很可能是撒克逊人书皮上的刻有菱格的精制骨饰，有金属废料和不知是什么的碎铁片，但其中最近的物件也要追溯到9世纪。也就是说，这颗珠子是在维京恐怖袭击后的废墟中发现的，一旁还有264人的遗骸，我想其中有些是维京大军中战死的战士。为何我之前从未听说过这颗珠子？

离近看，能看到袋顶上用钢笔淡淡地写了几个字"红玉髓珠"。我不太了解这材质是什么，但仅这几个字就足具异国特色，很吸引人。在线检索发现红玉髓珠是常作为较珍贵宝石的矿石，是一种硅质矿物玉髓，9世纪末到10世纪初在维京人中很流行，但应该最初来自印度或现今伊朗和伊拉克等地。如此，这样的珠子便能证明与阿拉伯哈里发帝国的联系以及与如蛛网般横跨亚洲和中欧大部分区域的古老贸易网——丝绸之路的部分贸易路线的联系。这是一个我知之甚少的世界，却异常吸引我。

众所周知，维京扩张经东欧，沿贸易路线将物品带回斯堪的纳维亚。同时，维京人到英格兰也常被看作一次特别的迁移。史书中的地图用粗体箭头呈现了这次扩张：东起瑞典，西起丹麦和挪威。雷普顿也不例外。我一直研究的骸骨，对其公认的解释似乎恰好符合对维京时代的传统记述。8世纪晚期北欧人和丹麦人西①行,于793年对林迪斯法恩(Lindisfarne)毫无防备的僧侣发动野蛮袭击,自此开启了维京时代。接下来的几十年他们偷袭劫掠,最后到9世纪归于政治征服的野心和定居生活。人们普遍认为如此成就了维京大军。这支军队于865年至9世纪70年代末活跃在英格兰,873年征服了雷普顿和盎格鲁-撒克逊人的麦西亚王国。这是一个完整的故事,但这小小的红玉髓珠让我开始猜想这是否描绘了故事全貌。通常认为,东方贸易路线几乎没有影响到西方的维京事迹。那这中东或亚洲的红玉髓珠为何会出现在9世纪的乡村德比郡?

我走进这个故事是在2012年1月一个清冽寒冷的早晨。那时我开着一辆借来的比起在高速路行驶更适合较冒险路程的路虎,前往牛津。我要见两位名人:一位是英国著名的考古学教授,因其对英国考古学的贡献荣获大英帝国二等勋位爵士,其发掘记录读来像是著名的考古遗址地名辞典;另一位是在英格兰声名狼藉的维京勇士。

我那时即将获得奥斯陆大学的硕士学位,硕士期间我一直通过分析挪威维京人的尸骨研究其饮食习惯和迁移规律,结论表明其常吃鱼且频繁迁徙,这两点没有特别令人惊讶之处。在此数月前,我在找适合博士研究的课题,一位我从前的本科教授将我引荐给马丁·比德尔教授,让我了解到了雷普顿维京营。后者建议,

---

① 本书中"西""西方"泛指欧洲西北部和北大西洋部分地区,而"东""东方"指始于波罗的海东海岸,穿过东欧河道网远至中东一线所涉及的地区。

或许我可以用新学的法医技术来研究雷普顿墓葬的未解之谜。马丁与已故妻子比尔特·薛尔比-比德尔（Birthe Kjølbye-Biddle）于 20 世纪七八十年代发掘了雷普顿墓葬。在牛津办公室的马丁教授符合我儿时在挪威对英格兰所有的想象［虽然是在 20 世纪 70 年代萨默镇（Summertown）的混凝土楼里，而不是在霍格沃兹般木结构的学院里，令人有些失望］。很快，五年过去了，雷普顿墓葬的分析基本完成，我的博士研究即将结束，就在这时我拿到了红玉髓珠。

这颗小珠子似乎有什么东西非常吸引我。光滑且几近半透明的材质，切割齐整，棱角分明，看起来如此完美、如此时尚。我情不自禁地念及这一千多年接触过这颗珠子的那些手和那些人，如今也包括我。它属于谁？偶然掉落抑或精心摆放在集体墓葬中？又如何最终留在了雷普顿？是否有我们此前未想到的与东方的其他联系？这是否会是个重大新发现？我对雷普顿骸骨的一些研究结果也与传统的描述不太相符。过去的几年，我们对在英格兰的维京人开始有了更多了解，尤其是通过金属探测工作人员周末在泥泞地里辛苦搜索获得的发现，比如在偏远荒芜之地发现了 9 世纪阿拉伯铸币。在这些发现中，这颗小珠子能否证明东方与西方世界在维京时代有比我们之前想象的更紧密的联系？但毕竟这仅是一颗珠子，显然这样的一个物件不足以重写主要记述？这颗珠子仅由一人一路从亚洲传到雷普顿不太可能（尽管也有这样的可能性）。那是什么样的联系，因共同的脉络将其带到了英格兰？

本书追溯了我认为的红玉髓珠流传到最后所在地德比郡的历程，回到了珠子可能的起源地印度古吉拉特邦（Gujarat）。跟着珠子的踪迹，忽略维京影响的部分内容，比如去北美的北大西洋维京探险以及维京时代英、法与爱尔兰之间复杂变化的政局。这些故事此前广泛流传，但为了找寻东西方之间的具体联系，我们将视角逐渐东移，为维京研究提供了不同的角度。我的思路是从考古学者的角度先研究留下来的物件和遗骸，且尤为关注正彻底改变我们认识的新的科学方法。据此，这些新故事将会与我们从其他形式的依据了解到的丰富记述交织在一起，帮我们找寻一千多年前为了寻找财富、权力、冒险或仅是单纯为了新生活的人从斯堪的纳维亚迁出迁回的痕迹。他们中有些是自愿的，有些别无选择。正是这样的思绪让我走进了河上国王的世界。这一过程中，一连串的物件如同一块块基石，每块都代表着记述中独特的一面。对于每件物品，我以与之有联系的人物的生活中的情景作为开篇，有些真实，有些虚构。何为真，何为虚，留给读者来定。

目录

第一部分　西方 / 001

　　1. 托尔之锤：骨 / 003

　　2. 迪拉姆：银换奴隶 / 029

　　3. 船钉：河上国王 / 051

第二部分　家园 / 077

　　4. 佛陀：异国魅力 / 079

　　5. 瓦尔基里：河上女王？ / 105

　　6. 主支：向东 / 131

第三部分　东方 / 155

7. 颈环：罗斯人的故事 / 157

8. 珠子：十字路口 / 181

9. 龙首：去米可拉加德和更远的地方 / 213

尾声　古吉拉特邦 / 245

致谢 / 254

注释 / 257

第一部分 西方

1
托尔之锤：骨

雷普顿　约874年与1986年

　　五天来，他一直把项链攥在手里。这条项链被他小心地放在挂在腰间的皮包里。他手中握着项链，手指抚着锤的轮廓，一次次翻弄着旁侧的珠串，随后将皮链系在那人的脖子上。那人的皮肤冰冷苍白，泛着油光，尸身表面涂了液体准备运送。他跪在墓旁侧的卵石地上，将锤子推进去，恰好放在紧挨逝者锁骨的位置，就像他生前戴着的那样。一件一件地，其他物件也摆在了尸身周围。作为陪葬品，每件都表明了他曾是谁以及他将会是谁。

　　1 100年后，这条项链再次出现在阳光下。一位志愿发掘者误以为它是固定零件，小心谨慎地刷掉上面的碎石和土。她这么认为也情有可原。上下颠倒的T形，底边带尖，肯定会让人想到用来泊船的锚。可这吊坠小巧精致，边缘齐整，甚至可以说其设计低调，知道了它代表什么便更觉如此。这是米约尔尼尔（Mjölnir）的造型，是斯法塔尔夫海姆（Svartálfaheimr）的矮人在火炉中锻造的托尔之锤。

1. 托尔之锤：骨

维京勇士

据传统记述，维京时代始于 793 年 6 月 8 日一众维京人袭击诺森布里亚（Northumbria）林迪斯法恩富有修道院的那天。严格来说，这次袭击并非有记载的第一次发生在英格兰的维京抢掠。相关描述出现在居于现今德国所在地的学者约克的阿尔昆（Alcuin of York）写给诺森布里亚国王埃塞尔雷德（Ethelred）的一封信中，"不列颠从未出现过我们如今遭受的异教徒带来的恐惧，也没人想过他们竟能从海上侵袭"。

通常认为维京袭击由多种拉力与推力共同作用而成。无防备的撒克逊修道院财富的诱惑，加上斯堪的纳维亚人口增长、挪威耕地贫瘠、政治斗争等诸多压力，或许还有斯堪的纳维亚适婚女性不足的问题。[1] 最后，一个新的时代出现了。像《盎格鲁-撒克逊编年史》[①] 这样的文献便记述了盎格鲁人与撒克逊人接下来几世纪的艰辛，主要关注王室以及为控制诸多王国而进行的战争，也正是这些王国构成了现今的英格兰。这部编年史中的记述与已有维京人的传说非常契合。他们从挪威、丹麦的家乡离开，向西出行，劫掠、抢夺，征服整个不列颠与爱尔兰地区，给这些地区和欧洲大陆其他地方带来了一场劫难。到11世纪中期维京时代的末期，斯堪的纳维亚对不列颠的影响依然深远，影响到了从城镇发展到通货、文化、语言和艺术的方方面面。

873年时提到雷普顿和维京大军已是寻常。9世纪50年代，维京劫掠者就已不再等劫掠结束便回斯堪的纳维亚家乡了，而是开始在英格兰过冬。据《盎格鲁-撒克逊编年史》记述，维京大军首次出现在英格兰是在865年的冬天。那年大军在东盎格利亚（East Anglia）登陆，国王为换取和平为他们供给马匹，他们在塞特福德（Thetford）过了冬。接下来的13年，大军横扫全国。866年占领约克，868年占领东盎格利亚。这次远征对维京人而言是前进了一步，由小规模偷袭劫掠转变成了完全不同的所谓长期政治征服。到了9世纪70年代，断断续续的劫掠成了固定的军事战略，且似乎很成功。40多年来，雷普顿维京营一直是英格兰一处最重要的维京遗址。马丁与比尔特的挖掘最初集中在乡村的盎

---

① 这一历史文献由许多文献中留存的记述汇编而成，详细记录了公元前60年到12世纪英格兰的历史。大部分内容是在9世纪盎格鲁-撒克逊的威塞克斯王国南部的修道院中编撰的。

1. 托尔之锤：骨

格鲁-撒克逊教堂圣威斯坦（St. Wystan）教堂。[2] 这是一座保存最完好的英格兰中世纪早期建筑。20 世纪 70 年代，我们对雷普顿维京大军的出现知之甚少，只有《盎格鲁-撒克逊编年史》873 年部分有处记述说："经此，抢掠军队从林齐（Lindsey）到雷普顿，在那里过了冬，驱逐统治王国 22 年的国王伯格雷德（Burghred），横渡大海，征服了那片土地。"这次过冬将成为维京人在英格兰的故事的转折点。

挖掘教堂附近的墓地时，挖掘小组发现了一条穿过早期墓地紧靠教堂墙壁的大沟渠。在附近，他们又发现了几处有明显斯堪的纳维亚风格的墓葬，包括雕刻精美的盎格鲁-撒克逊十字架尖碎片和一件麦西亚骑马勇士陪葬雕塑。这条沟渠可认为是防御工事的一部分，也表明毫无疑问这里是历史上已证实的维京大军的冬令营。挖掘前，没人寻找过雷普顿的维京冬令营，也因此没人知道冬令营什么样子或是如何找到它。在当时这是相当普遍的情况，虽然有大量文献与维京时代的英格兰相关，但令人惊讶的是几乎没有维京人存在的实质证据保留下来，而且大多数内容都是如此。像《盎格鲁-撒克逊编年史》这样的历史文献才逐一详细地记录了抵抗入侵者的战争，具体到伤亡情况以及面对异教徒威胁时当地人的悲叹。可以说，英格兰主要城镇的发展和英格兰作为国家的统一是在应对维京入侵的过程中实现的。但因考古证据相对缺失，我们获取信息的主要来源还是文献。

圣威斯坦附近的考古发现与熟知的维京画面恰好吻合。形似字母 D 的防御围渠与斯堪的纳维亚的类似，同时将亵渎过的教堂作为守门，为劫掠大军争取时间在整个冬天安全重整，计划下一次袭击。教堂本是富有修道院的一部分，也是麦西亚王室最神圣的墓地。几位著名的国王曾葬在这里，其地窖也成了朝拜圣人维格斯坦（Wigstan）骸骨的圣地。维格斯坦是9世纪麦西亚的一位国王，之后被称为威斯坦。这表明维京占领不仅为了攫取在修道院里发现的财富和物资，也为了声明政治权力。由于此次袭击，麦西亚国王伯格雷德与妻子被驱逐流放到巴黎再没有回来。取代他王位的是切奥伍尔夫（Ceolwulf），《盎格鲁-撒克逊编年史》中将其描述为"愚蠢国王的大乡绅"，即傀儡国王。显然，切奥伍尔夫承诺效忠于维京人，保证如有任何需要，他自己和麦西亚王国便随时奉命。

873年到874年的冬天过后，大军分为两队，一队向北进入诺森布里亚，一队向南与威塞克斯国王阿尔弗雷德大帝（Alfred the Great）交战。有斯堪的纳维亚制品陪葬的雷普顿墓位于教堂周围显眼的位置，大概是为了将"征服整片土地"的这些首领的统治合法化，以便更长期地统治。与前统治领袖建立联系是维京人巩固政治和领地诉求的常用策略。

2012年我第一次访问牛津的那天，马丁·比德尔向我介绍了所谓的雷普顿勇士——也称为墓葬511号墓主（简称"G511号"）。他的遗骸被仔细地放在三个米色纸盒里，整齐地堆放在办公室一角。小一些的里面装着他的头骨，另外两个大一些的长方形盒里装着其余遗骸。我见过成千上万个这样的盒子，每个里面都装着从墓葬挖掘出来要存放在博物馆的尸骨。我读了所有能找到的有关G511号的报告，了解了有关他伤势的一切情况。通常情况下，外伤痕迹难以捕捉。刀切开皮肉时，强力已失，余下的

1. 托尔之锤：骨

力仅能在骨表层留下细小划痕。因此，尽管对受害者而言是可怕的致命伤，但骨头往往完好无损，因而我们无法了解死因。但这具遗骸的伤势显而易见。我从盒里拿起左股骨，可以看到斧砍穿臀部留下的深口。斧刃切入角度清晰可见，可怕的结果也可想而知。

这个标签上写着大写字母"V"的男人一直被认为是典型的维京人：高大强壮，金发蓝眼（虽然这些详细情况几年后才能知道）。在他身侧陪葬了一柄斯堪的纳维亚风格的剑，脖子上戴着托尔之锤银吊坠。这些能让人联想到他与维京世界联系的物品立即引起了挖掘者的注意。许多人都认为锤是传统维京勇士的基本象征。埋葬他的人还在他身边放了其他物品，大概是为后世之用，有一把钥匙、两把铁刀、一些衣服的搭扣和纽扣。托尔之锤另一侧是一颗色彩明亮的玻璃珠。两腿间的长方体软土块可能是木盒里的全部遗存了。里面是具寒鸦骨，大概象征着神奥丁（Odin）的两只渡鸦福金（Hugin）和穆宁（Munin）。骨盆旁放了一根野猪獠牙。

之后，将骸骨挖出清理，发现 G511 号曾受过许多可怕的致命伤。头骨有多处伤口，从伤痕可以看出他可能死时戴着头盔，眼窝处也有割痕。椎骨有多处割痕，与切除内脏伤口一致，也就是说他的内脏被摘除了。最严重的伤是左股处的斜切深口，由斧贯穿髋关节和股骨砍下。在这一过程中的某个瞬间，有人认为可能砍掉了他的生殖器，阉割了他。野猪獠牙放在两腿间，可作为替代，确保逝者完整地抵达奥丁的殿堂瓦尔哈拉（Valhalla）。在这里，倒下的勇士到夜晚可享盛宴，那勇士必须是完整的。

或许有些传奇,但无论如何这处墓葬具有勇士的所有标志[3],且 G511 号的墓是整个英格兰唯一一处妥善挖掘的维京勇士墓,因而意义重大。虽然历史文献表明,这样的勇士葬身于此的有数百甚至上千人,但没有哪处骸骨是完整的。许多有关这处墓葬的信息表明墓主的地位高,甚至可能是一位维京大军的首领。他的墓正好在曾是整个麦西亚王朝国王埋葬地的陵墓旁,这表明埋葬他的人想维护他(或者说他们)在这片土地上的正统权力。

为完成博士课题,我再次研究雷普顿的维京人。G511 号和雷普顿逝者这个新研究的关键部分是从一些尸骨取样,以便用一种最新的法学技术——同位素分析来尽我所能地了解他们是谁,又来自何方。在考古学中,同位素分析已成为追溯人的地缘背景所用的一种主要方法。传统方法是通过鉴别陪葬品的来源来确定,陪葬品即与尸体一同埋葬的物品,当然前提是得有陪葬品。但这一方法有明显缺陷。其一,用物品陪葬不一定是普遍做法,所以留给我们能重构逝者生前生活的痕迹就非常少。且就算真有陪葬品,与逝者一同埋葬的物品比如一柄维京剑或是一颗红玉髓珠也可能是经贸易交换得来的,分别经最后的所有者之手抵达埋葬地。我们找到的墓葬在许多方面尚有无法确定之处,我们无法了解这些物品是逝者的还是送葬者放在这里的赠物。这些物品可能无法反映多少逝者的生前经历,如一位考古学家所言:"逝者无法自葬。"

其二,同位素分析能让我们直接研究尸骨来发现逝者生前经历的各个方面。虽然 DNA 也能做到这一点,但 DNA 主要提供人的遗传标记而非独有境遇。假设我死后葬在英格兰西南,骸骨的

1. 托尔之锤：骨

DNA分析能发现斯堪的纳维亚血统，或许能有一些线索证明我的迁移史。但在我孩子的骨骼中也能找到同样的基因，而他却在英国出生长大。也就是说，DNA分析无法区分第一代移民与其后代。

即便如此，DNA也可能让我们看到更大的图景：我们如何分布在全世界，数千年来我们的祖先如何迁徙；还能让我们知道亲属关系，帮我们找到失踪多年的表亲，或发现疾病隐患。如你所想，在雷普顿墓葬的情况中，我感兴趣的是我们能否证明这些逝者是从斯堪的纳维亚迁徙到此的维京人。

正如此言，我们吃了什么，什么就会变成我们的一部分。你在读这本书时，你的身体就在消化上一顿饭，吸收所有可用来制造新细胞、新血液和新皮肤的成分。自你开始读这本书，你的全身都在变化。现在甚至骨骼也开始有了微妙的变化，新骨骼沉积取代旧骨骼碎片，以保持韧性和构造。这一原理几乎解释了你身体的所有部位，只有一个例外：你的牙釉质。牙釉质一旦在儿时形成就不会改变，甚至足够坚固，可以在土里恶劣的环境下完整保存数千年。因此，牙齿是生物考古学家最好的朋友。

因为所有组织在形成过程中会不断地从你的饮食中汲取营养，所吸收的物质痕迹也能告诉我们你吃了什么。最重要的是实现我的目标：弄清楚你在哪里吃了它。儿童时期你的牙齿基于你吃的食物和饮用的水而形成，而这些食物和水又携带着其生产环境中特有的标记或变化。比如，植物的大部分营养来自生长的土壤，这些土壤特征的形成基于潜在的地质环境。如此一来，也就是说，在德比郡种的小麦做的面包与在丹麦种的小麦做的面包，其化学特征会有细微差异。

一种检测此种差异的方法要借助一种叫锶的元素，这种元素自然存在于几乎所有事物中。锶有几种同位素，即同一种元素的不同形式。其中一种与另一种的比值在不同的地质类型中是不同的，因而在不同的土壤中也是如此。锶通过食物链传递时，这一比值保持不变，比如从土壤到小麦到面包再到维京人肚子里。且锶的这一比值一旦成为儿童新形成的牙釉质的一部分，就将会伴随他余生甚至直到逝世之后。如此再看那位雷普顿勇士，应该可以弄清楚他是否真的是入侵的维京人还是在当地长大的。

这里需要补充的是，身份问题是复杂的，尽管这些方法有极高的可信度，但这并非仅靠科学就能解答的问题。即便同位素数据很明确地表明某人是在斯堪的纳维亚长大，可这并不代表他们就是"维京人"。实际上，没有科学方法可最终确定这样一个明确的身份。同样，看似来自本地也不能自然而然就表明其是"盎格鲁-撒克逊人"[①]。我们的身份错综复杂，且在我们的一生中不断变化调整。我是考古学者、科学研究者、作者，也是母亲和移民。但除了我的移民身份，其他身份都无法在我的骨骼中体现。因此，不论如何解释这些科学结果，我们必须要谨慎，要总是在尽可能多的不同来源的证据下考虑分析。毕竟这些新技术为我们研究墓

---

① "维京"和"盎格鲁-撒克逊"都可看作完全的现代创造词，其不太可能对9世纪的人有意义。这里的"维京"用以在广义上描述维京时代在斯堪的纳维亚出现的人和从那里流传出的文化特征。虽然"盎格鲁-撒克逊"一词在历史上长期以来被种族主义者和极端主义者误用，但仍是5世纪到11世纪早期英格兰社群和王国广泛接受的参考框架。这里两个词均非暗指种族，不严谨地说这仅是我们现今可用的最有用的术语。

1. 托尔之锤：骨

主生前经历提供了机会，而在几年前我们也只能是想想。

虽然这些方法听起来简单，但要花费数月在实验室工作才能得到所有需要的数据，还要再花几个月的时间将这些数据整理成电子表格、数据库、关系表和比较地图。但 G511 号的锶数据相对容易解释：他一定不是在雷普顿或是附近长大的。牙齿上的信息表明他来自斯堪的纳维亚南部，很可能是丹麦，恰好完全与考古记录吻合。但同位素分析中的另一个结果也较为明显，即他身旁葬的那个人的数据。G511 号并非单独埋葬的，与旁边更年轻的 G295 号埋在一处。虽然实际上尸体是错开时间埋的，更年轻的那位是在 G511 号埋葬后不久葬在这里的。两座墓由矩形石头连接，还有个碎裂的盎格鲁-撒克逊精致雕塑，这也表明他们之间是有联系的。这样的双墓穴在维京时代的斯堪的纳维亚很常见。有时夫妻合葬，有时同性合葬，几乎同性合葬的都是男性。后者这样的情况中，没人能确认两者的关系。

同位素数据可以额外说明的是，从同位素角度而言更年轻的这位男子与这位勇士成长的地方几乎一样。他同样受了重伤，很可能死在战争中。但他的墓中没有 G511 号中那样的贵重陪葬品，仅有一把刀。似乎这两人来自同一个地方，很可能是丹麦。新放射性碳年代测定揭开了两人逝世的一些信息。死于 873 年至 886 年，这使得两人甚至更可能与维京大军相关。有人认为这是一位首领与其武器守护者，甚至认为更年轻的男子是有意被杀死来陪伴他的主人。几年后，他们埋在一处的原因被揭开。

在与加州大学圣克鲁斯分校（University of California Santa Cruz）的遗传学家拉尔斯·费伦-施密茨（Lars Fehren-Schmitz）

博士的合作中，我们想试图从雷普顿样本中提取出古代 DNA。目的是找到更多证据确定这些人有斯堪的纳维亚血统，同时研究任何可能的家族关系，尤其是这位勇士与其同伴间的联系。十多年前，其他遗传学家也曾试图这么做，但没成功。当时能用的方法不太可能区分开骨中原始 DNA 与此前挖掘、清理和检查的所有人的 DNA 外污染。到 2016 年，技术进步到不仅能获取未污染的 DNA，也能分别研究母系与父系血统及常染色体 DNA，即继承自父母的独特染色体组合。拉尔斯及其同事发现这两人在父系血统有直接一级的家族关系，这意味着两人可能是同父异母或同母异父的兄弟，或者父子。考虑年龄差距，后者更有可能。此外，他们还发现 G511 号的眼睛颜色最有可能是蓝色，头发颜色最有可能是金色。如此，G511 号的确符合高大金发维京人的传统形象。或许也有例外特征，遗传学数据还告诉我们他最有可能是光头。

　　了解 G511 号与其子的家族关系从几个方面来看很重要也令人欣喜，尤其是能帮助我们在更大范围内了解维京世界的发展变化。有关维京人的历史文献、萨迦文学和史诗故事主要写于 12 世纪和 13 世纪的冰岛，通常关注特定人物，即那些让我们了解维京人故事的正反面主角。但使用这些文献需谨慎。不仅是因偏见保留了哪些或者未保留哪些，作者的动机也需考虑。萨迦尤其更易用作维京时代历史事件的依据。例如，较为传奇的朗纳尔·罗德布洛克（Ragnar Lothbrok）的故事在英格兰广为流传。[4] 据萨迦记述，朗纳尔曾亲自在此战斗，同时他勇猛的勇士儿子们被认为是重要的维京首领，甚至有些还领导了维京大军。然而，朗纳尔的故事是由许多文献拼凑而成的，其中有些甚至不是同时期的文献，

1. 托尔之锤：骨

且没有证据证明他是 873 年占领雷普顿的维京人的父亲。

其他来源了解的情况如物件和尸骨能提供不同的信息（尽管不一定更客观），也可佐证历史文献。G511 号与其子的新生物考古依据证实了描述维京社会父权关系和男性后裔重要性的相关文献，也表明其是从斯堪的纳维亚外迁与占领新领地的重要因素。最终表明，这些习俗通常就像这样最后经丧葬仪式体现。其子被带到雷普顿与父亲葬在一起，墓上立着碑，表明其地位与彼此间的关系。

斯堪的纳维亚血统问题更为复杂。就像我们是否能更进一步缩小他们身份范围这样的问题，主要问题是我们尚未找到一种方法确定地区分维京时代来自斯堪的纳维亚的移民与仅几个世纪前越过欧洲大陆西北部来此的人（盎格鲁人、撒克逊人和朱特人）。正因如此，我们尚不能用 DNA 分析准确地估计在英格兰定居的斯堪的纳维亚人的数量。几年前，一项英国现代 DNA 的大范围调研做了基因遗传聚类分析以确定历史迁移事件。研究人员得出结论，他们找不到任何明确的基因依据来证实丹麦维京人占领了英格兰大部分地区。他们认为这表明维京移民几乎没留下什么后代，也因此说明他们中可能仅有极少数人来到这里。

这便出现了一个问题：分析结果与许多其他依据相左，如维京人对不列颠语言的影响、地名和考古研究等内容。这些信息表明维京人有相当大的影响力，且这一影响力仅可能源于一次大规模的迁移。问题是研究人员尚未充分考虑这样的事实，认为丹麦维京人中的许多人实际与之前迁移到此便认为是盎格鲁-撒克逊人的这些人来自同一地区。统计模型未能区分两者。另有研究人员考虑到同一数据源中的重叠数据，他们估计出更真实的定居人口总数约为 2 万到 3.5 万，这与其他形式的依据是一致的。[5]

维京大军的规模也有争议，其人数从相对较少到数千人的说法都有。部分说法与术语有关。在《盎格鲁-撒克逊编年史》中，用于形容此的术语是 micel here，micel 意为"伟大、大"，here 可译成"军队"。或许不够准确，因为根据 7 世纪的法典，严格而言 here 一词指参与某种暴力抢掠或抢劫的 35 人以上的组织团体。可能这个词是编年史家有意使用，以此贬低侵略军队，让他们听起来像暴徒而非有组织的军队。了解维京大军的规模很重要，因为雷普顿被抢掠后不久就转为定居地。从 9 世纪 70 年代末开始，那些组成抢掠大军的人分配土地，自己耕种。很可能他们中的一些人在雷普顿附近定居了下来。就在几公里远的地方，有一处名为希斯·伍德（Heath Wood）的大规模墓地。山顶上约有 60 处坟冢，每处有一到多个火葬坟。其中许多墓中都有维京风格的陪葬品和动物牲礼。可能这就是斯堪的纳维亚人定居地附近的墓地。

G511 号墓主与同伴的 DNA 数据无法直接揭示什么。没有已知在世亲属的 DNA 可以与他们的相比较，且自他们逝世已有 1 100 多年过去了，若有后人，就算不多也会有数万人。[6]目前，唯一缩小可能人选范围的方法是找寻历史文献中记录的也许适合的人。

在《盎格鲁-撒克逊编年史》中，记录了曾在雷普顿的四位首领：哈夫丹（Halfdan）、古特仑（Guthrum）、奥农（Anund）、奥斯卡特尔（Oscatel）。我们知道哈夫丹和古特仑熬过了这个冬

1. 托尔之锤：骨

天，之后又活了许多年，不太可能是他们。奥农与奥斯卡特尔从记载中消失了，再没在其他地方出现过，这说明有可能是他们。当然也有其他难以确定的可能性。搜寻历史文献中有名字记录的所有维京人，寻找符合死亡时间和年龄的父子，我们恰好找到了一对。《阿尔斯特编年史》记述了名为阿姆莱布［Amlaib，通常也被认为是奥拉夫（Olaf）］的一位男性。他是从 853 年开始就在爱尔兰和不列颠活跃的一个外族人，也是维京国王，被称为"洛奇兰国王之子"（the son of the King of Lochlann，这个王国不确定在何处，推测在挪威、苏格兰或北方群岛的某地）。9 世纪五六十年代，他主导爱尔兰事务，实质上成为都柏林的维京统治者。这个奥拉夫时常与伊瓦尔（Ivar）一起抢掠［有时伊瓦尔也被认为是传说中的朗纳尔之子——"无骨者"伊瓦尔］（Ivar the Boneless）。这两人可能是兄弟。

874 年，奥拉夫在君士坦丁（Constantin，现今的苏格兰）为皮克特人（Picts）的国王所杀。没有记载说他的尸身是如何处理的，但时间线与雷普顿墓葬吻合。853 年他首次抵达爱尔兰，去世时很可能是在他 40 多岁或者更年长一些的时候。这与 G511 号的法医分析一致。但令人更信服此认定的是奥拉夫有一子，名为埃斯泰因（Eysteinn）。《阿尔斯特编年史》中 875 年部分有关于他的记述："埃斯泰因，北方人的国王奥拉夫之子，被哈夫丹欺骗杀害。"这里的哈夫丹被认为就是 873 年在雷普顿的哈夫丹而非他人，而且他也是埃斯泰因的叔叔。

这些文献追溯到具体时间，为我们找到了一对符合年龄的父子。雷普顿的越冬持续到了 874 年，考古学研究表明年轻男子埋葬时间比其父略晚，可能是其父埋葬后的第二年。除了哈夫丹，我们无法将奥拉夫或埃斯泰因与雷普顿直接联系。很可能奥拉夫的尸身是在苏格兰死后移到这里的。874年，雷普顿由斯堪的纳维亚人掌控，这里对前维京统治者而言是个合适的地方。法医证据可支撑这一点。法医病理学家鲍勃·斯托达特（Bob Stoddart）博士进行的骨骼分析表明G511号在死时被去除内脏。这是中世纪早期为移动尸体常用的方法，因为这样可防止尸体快速腐烂。比如，加洛林王朝国王"秃头查理"（Charles the Bald）877年死于阿尔卑斯山，为防止尸体腐烂，取出了内脏就地埋葬，之后才转移到巴黎安葬。对这一可能性的认识虽无法证明，但很可能是非常令人欣喜的发现，因其表明了维京大军与爱尔兰海地区早期维京统治者之间的联系。

逝者之屋

G511号虽重要，却不能代表雷普顿最引人注目的发现。教堂旁牧师住所的花园里有个矮土丘，几世纪以来一直困扰着当地人。在17世纪的一篇记述中，古文物研究者西蒙·德格（Simon Degg）记载到，有个工人在圣威斯坦教堂附近的某处挖了"小土丘"，发现里面有口大石棺，石棺里有具"身长2.7米的人骨"。尸骨周围有"百具人骨，且脚向着石棺"。工人动了动中间的尸骨，随即按女庄主的指令很快掩盖住了这处坟地。显然女庄主看到自家花园下埋的尸骨后因恐惧受了惊，说她不忍心让埋骨地暴

1. 托尔之锤：骨

露。之后，19世纪也有人再次挖掘，不仅发现了骸骨，还有古代武器，但显然大部分遗留在原地。

是20世纪80年代马丁与比尔特的发掘首次表明了这里与维京人的联系。他们挖掘坟冢，在下面发现了一处有两间房子部分被损坏的盎格鲁-撒克逊建筑，或许可追溯到盎格鲁-撒克逊时期的修道院。在其中一间房子中，他们发现这些东西正是那些古文物研究者几世纪前发现的那些：一大堆混在一起的人体遗骸。首先，无法知道这些骸骨埋在此地多久了。但在骸骨中间，他们发现了其他物品：许多生锈的金属碎片，其中一些他们很快便认出是武器，包括几把刀和最关键的一把斧头。后者可认为是典型的维京风格。正是在同一处发现的5枚银币，这才使他们有了确凿依据。将这些铸币拿去由钱币收藏家辨识认定，确定其出现时间在872年至875年之间，更具体而言正是维京大军在雷普顿驻扎时。墓葬所处的整体背景与维京人有这样的联系，然后碎片慢慢地归到原位。还有何人会拆除、亵渎这可能是地位较高的盎格鲁-撒克逊宗教建筑，并将其改作墓室，精心用土丘掩盖？

这一建筑的使用似乎经历了两个阶段。在第一个阶段，它被毁后成了维京营的一部分：残留有装饰石膏碎片、破碎的玻璃窗、金属加工废料痕迹、被屠宰的动物遗骸以及像某人午餐剩饭的东西。当时挖掘者称其为"占据者遗存"。大多是进第一间屋时发现的，屋里有从外直通下去的楼梯。在第二个阶段，第二间屋被改成了墓室。在这里占据者的遗存被清理干净，地上铺着一层干净的红沙，红沙上放着骸骨。这表明其是在特定时间放在这里的，是有意进行的纪念行为。在其中某处，有位挖掘者发现了我手中这颗橘红色珠子，挖掘者的身份如今和这些骸骨身份一样已无法找寻，虽然之后差不多过了40年才到我手中。

1982年夏，发现雷普顿墓室遗存后，人们做了大量工作分析骸骨试图弄清他们的身份。每具骸骨都被取出送到牧师住所草坪的大帐篷里进行清理。在那里，志愿者仔细清洗了每块遗存，将数千块遗骸放在包装鸡蛋的纸盒上晾干。当地的医生和牙医也加入清点、分析遗骸的队伍。最后依据成年人左股骨（因我们每人仅有一根左股骨）和较少数量的青年手臂骨骼的数量，确定这间屋里有不少于264具尸骨。共有72个头骨，确定年龄的话，显然几乎没有孩童，老人也很少，大多数年龄在18岁到45岁之间。显然，他们也很高，大多数骸骨都比附近盎格鲁-撒克逊墓中挖掘出的骸骨高大得多。考虑到历史背景，所有这些都指出此墓与维京大军相关。这些可能是战争中逝者的遗骨，他们是死于战斗、被葬在公墓的勇士。

可继续进行的骸骨分析又带来了惊喜发现。从专家可以确定每具骸骨性别的地方来看（通常有条件的情况下可以通过颅骨或相对完整的骨盆来判断，因为在这些骨骼上可以看到性别差异），显然在这里的不只有男性。事实上，此墓中有20%的人是女性。女性在当时维京勇士队伍中确实是意料之外的，按定义来说维京勇士应该都是男性。

马丁和比尔特公开了结果，表示女性可能是维京男性在当地找的妻子。这一结论有骸骨分析支撑，分析结果表明这些女性不像男性骸骨那样比盎格鲁-撒克逊人的平均身高要高，比同时代斯堪的纳维亚女性预估的身高要矮。这符合普遍的观点，即在当时

1. 托尔之锤：骨

维京入侵就算不是全部为男性也主要是男性参与。

虽然这些遗骸是维京大军留下的说法被大家欣然接受，但有个问题仍令人十分困惑。20世纪90年代早期，在乌得勒支（Utrecht）实验室对这些材料进行了放射性碳年代测定，时间是9世纪晚期，与墓葬背景及相关说法的推测吻合。但结果表明许多遗骸的年代要早得多，实际上早了约200年，这意味着他们不可能都是维京大军的人。很长一段时间这使得人们一直对雷普顿的整体说法表示质疑，如果这里有几世纪前的遗骸，那确定不可能真是维京战争的墓葬？比尔特和马丁以及后来的研究者提出了许多观点解读这一异常情况。年代更久远的骸骨可能是这些维京人的祖先，那些带着他们来到新家园的人？这在冰岛萨迦中并非闻所未闻：崇拜祖先的情况是存在的，祖先遗骨或者珍藏展示或者埋在家里或附近。此外，人们也普遍接受这样的说法，年代更久远的骸骨可能是维京人来之前就埋在雷普顿的盎格鲁-撒克逊僧侣的遗骸。有人提出，在大防御围渠的挖掘中，维京大军也可能停下来收拾了他们弄乱的墓里的东西，收集整理后将其转运至新的墓中。

问题是这些解释中没有令人特别满意的。只要骸骨之谜未解，对雷普顿作为维京大军最终安息地的质疑就一直存在。随之，对红玉髓珠及其起源的质疑也会存在：如不能将集体墓葬与维京人联系起来，那这珠子也一样。

马丁与比尔特猜测这一放射性碳年代测定异常也可能有另一种解释。但在20世纪90年代，当时的科学不足以让人理解这一异常究竟是什么。结果表明，解决雷普顿放射性碳年代测定异常问题最终归结于鱼的问题。自20世纪50年代首次出现，放射性碳年代测定很快便成了一项对20世纪考古最重要的贡献。这一方法可以从差不多所有有机物体上相当准确地确定其存在时间，从一根原木、烧焦的种子到鹿角梳、人骨都可以。每个有机生命体存活时都吸收碳。要么直接从大气中吸收，像植物光合作用时吸收二氧化碳那样；要么间接吸收，比如动物和人通过饮食摄入富含碳的植物和其他食物。这一过程在我们呼吸和进食时一直在进行，因此我们身体（骨骼、皮肤和头发）的碳含量便得以维持。

与锶和其他元素一样，碳也有一些同位素，放射性同位素碳-14便是其中一种。我们死后停止吸收新碳，同时已在体内的碳开始缓慢而微妙地衰减。所以我们死后，变化仍随着时间点滴推进。关键是我们知道这一过程进行的速度。放射性衰减由称为半衰期的单位来计算。半衰期指放射性元素原始量衰变为半数时所需的时间，对放射性碳而言是5 700±30年。换言之，你体内的碳-14衰减到原本一半的量需要5 000多年的时间。这意味着我们可以测量样本中残留的放射性碳，不断测量以弄清楚有机生命体死亡后过了多久还有多少残留。虽然这是相对可靠的方法，但雷普顿遗骸的问题是没有人考虑那些遗骸上碳的来源。而事实可能是一些人一直以来吃了很多鱼。

近几十年，在许多遗址也发现了与雷普顿类似的时间不一致的情况，由此可见碳-14年代测定显然与遗存的考古依据不符。其中原因与饮食和生理机能相关。因为人体中的放射性碳主要来自我们吃的食物，我们需要通过食物链追踪碳足迹。如果你只吃陆地食物如肉类或素食，那体内的碳会来自从大气中直接吸收碳的植物。而如果你吃鱼或其他海鲜，一些碳会从海洋或淡水而来，

1. 托尔之锤：骨

也是从这里情况变得有些复杂的。海洋中的碳是不同的，大多数来自大气，大气接近水面时碳留在其中，之后在海洋中循环数百年。这表明鱼如果吃了浮游生物，吸收的碳远比羊吃草吸收的碳其年代久远得多。平均而言，这个年代差约 400 年。这意味着如果维京人在同一天杀一条鱼和一只羊埋在土里，等你千年后发现，你看到的可能是这条鱼比这只羊年代要早 4 个世纪。这一差距通过食物链传递，就是说若有人吃了大量的鱼也就会吸收大量年代久远的碳。

虽然科学家知道这一原理已有很长一段时间，但直到最近才完全认识到其对考古样本年代测定的全部影响。这与相对现代的材料尤为相关（回顾整个人类历史，维京人是非常现代的）。那时即便是早或晚 50 年都会对认识理解有很大影响。

解开雷普顿之谜的下一步是估量每人在骨骼形成过程中可能摄入了多少海鲜。我们现在可以较有信心地这样说：其他同位素可以告诉我们一个人的饮食中有多少来自海洋或陆地。我们在有机物质中发现的非放射性或稳定碳同位素（碳-13）比率在不同的环境中是不同的。这意味着从样本中测量的值与摄入鱼和摄入陆地食物的人的预期值相匹配。简言之，基本原理是，如果你饮食混杂，我们可以计算出你吃过的每类食物的相对比例，有点像估算你用多少白色和红色的颜料才能得到某种粉色。据此便能帮我们弄清需要考虑抵消多少个 400 年差值的海洋元素。

最后，列出的结果显而易见。在每种这样的情况中，那些骸骨测定年代比维京时代早得多的人都吃过相当多的鱼。这表明测定的独立墓和集体墓葬其年代都在 9 世纪晚期。[7]

新的放射性碳年代测定将维京人再次与雷普顿联系起来，由此最终确定与逝者一同埋葬的物品如红玉髓珠一定与他们的出现有关。当然，仅凭所测定的年代不能证明集体墓葬中埋葬的是一群维京人，难道这里葬的不能是受害者？我们或许永远不知道确切的答案，但一些其他数据也能帮到我们。对这位勇士及其子同样的氧和锶分析表明集体墓葬中的逝者从不同地方来，仅有少数在当地长大。也发现大多数人的数据主要与来自斯堪的纳维亚的群体数据一致，即便不能排除其中一些人可能来自欧洲西北部或不列颠。

虽然如此，最重要的是结果表明集体墓葬中的人并非来自同一个地方，不像抢掠突袭的人那样仅是挪威人或丹麦人。其他维京时代遗址出现的证据也证实了同样的结论，表明维京军队是联合领导下的复合军队，他们可能会在前行中吸纳或失去成员。[8] 在特瑞堡（Trelleborg）也发现了类似规律。特瑞堡是10世纪以基督化和巩固丹麦著称的丹麦国王蓝牙王哈拉尔（Harald Bluetooth）的堡垒。在那些被认为是埋葬哈拉尔勇士的墓中，锶同位素分析表明，虽然许多成员可在当地招募，但有大批都来自较远的地方，可能是想受雇成为佣兵。[9]

格外特别的是，雷普顿一些遗骸的氧同位素数值表明他们来自比英格兰中部气候更温暖的地方。这是完全意料之外的结果。可能的地点包括伊比利亚半岛和地中海。[10] 如果真是维京大军，是否意味着这里有人来自我们之前未想到的地方？重要的是葬在雷普顿墓中的这些人是我们所说的二次埋葬，这意味着他们此前葬在其他地方。他们的尸体成了骸骨后被移动了。我们知道这是因为在挖掘中发现骸骨整齐地堆在一些地方，比如股骨一起放在屋子的一角。这表明这些骸骨是从临时埋葬的其他地方收集到此的，也表明逝者并非都在此或雷普顿附近逝世。

少　年

在雷普顿还有个发现需要说明。就在集体墓葬遗址的外面，考古队发现了另一处非同寻常的墓。墓似乎由一根柱子标记，但所有遗存仅有底部的一些大石头。其位置邻近集体墓葬的入口，意味着任何想走进集体墓室的人都要先径直经过它。这座墓的特点是有四个孩童被一同葬在这里。这不仅在雷普顿不常见，单独仅有四个孩童的墓在那个时期也是极不寻常的，绝大多墓中埋的都是成年人。

显然，这四个孩童是同时埋葬的，且他们的尸体是精心排列的。其中一具仰面向上，另外两具骸骨侧身相拥蜷缩在一起，第四个孩子脸面向另一侧，与其中一人背靠着背。从骸骨来看判断不出性别，因显示在骸骨上的性别差异在青春期前并不明显。虽然最初没有明确证据表明这些孩童是如何死的，但法医病理学家鲍勃·斯托达特在最新的分析中表明至少两具或可能三具孩童的骸骨能证明他们曾受重伤，或者说他们很有可能是被杀害的。

在墓的尽头，挖掘者发现了羊的下颌，这在当时的基督教墓中是极不寻常的。然而，在维京墓中发现动物牲礼并不少见。这羊的下颌能否表明这座墓也与维京人有关？其邻近集体墓穴，加上标记的方式，确实可以说明这样的情况是可能的。从墓中获取的新放射性碳年代测定结果显示这座墓几乎与勇士和其子在同一时期，即 873 年至 886 年。马丁与比尔特在最初对这一发现的解释中表明他们认为这四个孩童或许是当地人，可能是献祭的受害者，是在完成集体墓葬封墓的仪式环节中被葬在这里的。

几乎不可能最终证明在遥远的过去谁被献祭了。但可以在某人尸体上找到证据表明他们被残忍杀害，即便尸体已成骸骨。可除非有其他形式的证据，否则也几乎不可能证明他们的死因。如何区分死于战斗和因仪式或宗教信仰而被杀的人？从他们骸骨上的刻痕可以明显看出至少四个孩童中的两个不是死于疾病或其他自然原因。他们是在战场上被抓住后杀死的，似乎不太可能，但也不是不可能。

活人献祭可能是维京仪式的一部分。有文字记录表明确实如此。1072 年德国僧侣不来梅的亚当（Adam of Bremen）笔下记述了他去瑞典旧乌普萨拉（Uppsala）一座供奉托尔、奥丁和弗雷（Frey）的神庙时所见的恐怖情景。他写到，每 9 年就有 9 个雄性活物在此被献祭以抚慰神灵，包括人。类似地，德国梅泽堡（Merseburg）的主教西特马尔（Thietmar）也描述了丹麦莱尔市维京人每 9 年如何相聚，"又如何向诸神献祭 99 人以及许多马、狗、鸡或鹰，以期在后世之国服侍逝者，为恶行赎罪"。

当然，这些记述可能是基督教的宣传。为揭开雷普顿维京营的全部故事，似乎有必要想办法了解这些孩童遭遇了什么。有个

1. 托尔之锤：骨

可能发生过类似情况的地方，在特瑞堡附近定居地的几口井里发现了一些混在一起的人类遗骸和动物骨头。[11]最突出的是，其中两口井里都有两具非常小的孩童尸首在井底。此外，附近也都扔着羊或狗的完整骸骨。这些墓葬之所以看着触目惊心，可能是因为有人祭。

首先确定的是雷普顿的四个孩童不是本地人。其中最小的那个和其他孩童朝不同方向蜷缩着。其余三个更令人感到惊讶：他们来自不同的地方，不仅不是雷普顿的人，还分别来自三个地方。其中一人的锶同位素值在整个项目所有对象中是最极端的。简单来说，这表明他或她来自地质相当古老的地方。能告诉我们其成长地气候情况的氧同位素值表明至少其中两人可能来自比不列颠气候更温和的地方。此外，从骸骨中获取的饮食信息表明他们成长过程中摄入的各种类型的食物与这里葬的其他人都不同。

这些结果令人困惑。显然，从他们同时被葬可以看出四人是同时死的。但因其非常年幼，一定是后来才到雷普顿的，否则他们的同位素值应该更相似。因此很有可能他们是和维京人一起来到雷普顿的。这并不少见：我们知道一些维京军队会带着孩童行进。《盎格鲁-撒克逊编年史》中记述，894年阿尔弗雷德国王袭击维京防御工事时掠夺了钱财、妇女和孩童，将维京首领的妻子与儿子作为人质。雷普顿的同位素结果显示，这些孩童不太可能都来自斯堪的纳维亚，似乎也不太可能是与父母一同迁移途中意外在战争中被抓杀害的。另一种残忍的解释是，这四个孩童是作为奴隶被带到雷普顿的。

这就是红玉髓珠再次出现那年的情景。873年雷普顿重新确定为维京营的一部分，所有证据都表明这个集体墓葬埋的是一群参加劫掠的维京人，大概领头的是蓝眼光头的勇士与其子，或许还有一群女人。但这仍是一些零散的线索。为何集体墓葬中的逝者来自不同地方，其中一些人可能真的来自那些不是典型维京世界涵盖的地方？那些孩童是否被献祭，如果是，他们来自哪里？雷普顿的证据是否真的是维京营的所有证据，又或者，在更广阔的范围内还隐藏着那些人的其他痕迹？更重要的是，如何在此背景下解释这颗红玉髓珠及其与更远的东方之间的联系？

下一个发现仅在下游几公里处。

2
迪拉姆：银换奴隶

福尔马克　约873年

　　它出奇地轻。打得很薄的金属，切割成整齐的大圆圈，易碎而不实用。两面凸出的复杂图案会吸引你的目光：曲线和直线以不常见的方式扭着，像蛇身向后弯曲叠在了一起。铸币来自另一个世界。你知道这些图案是在用你不懂的语言写着姓名和信息。你看到锋利铁刀压在它的边缘，在上面留下了小小的痕迹，缺损处竟令人难以置信地闪着更耀眼的光。虽然你被这样的设计吸引，但渴望拥有的是它的价值，那处光亮证明了它的价值。随后它将会被切成两半，分成四块，称重，用来交换于你而言更珍贵的东西。

2. 迪拉姆：银换奴隶

交 易

众所周知，维京人在奴隶交易中发挥着至关重要的作用。维京人曾跨越欧洲大规模地买卖人口。如此，雷普顿的维京大军有多大可能也参与此中，在抢掠中贩卖抓住的人？是否其中一些人葬在了这墓中，重要的是墓外的孩童是否真是奴隶？

文献记载中没有资料直接将维京大军与奴隶抢掠联系起来，但我们的确也找到了一些参考资料可以说明这里的一些人可能参与了。在《阿尔斯特编年史》中，有处记录尤为引人注目：869年，奥拉夫与伊瓦尔袭击了北爱尔兰的阿马（Armagh）。从行为来看通常能想到是维京人的作为，他们不仅杀害、强奸当地人，还让其中"千人"沦为奴隶。之后，他们越洋逃离，前往克莱德河（River Clyde）和布立吞人（Brittonic）的阿尔特克鲁特王国（Alt Clut，"克莱德之岩"）。870年他们两人一同包围了不列颠岛的要塞登巴顿岩（Dumbarton Rock）。历经4个月的折磨，水源耗尽，要塞沦陷，不列颠人不得不认输。据这部编年史记载，871年奥拉夫和伊瓦尔带着200艘满载奴隶的船回到爱尔兰，有盎格鲁人、不列颠人和皮克特人，他们来自不同的王国，也就是现在的英格兰和苏格兰。

虽然我们不能证实奥拉夫和伊瓦尔曾去过雷普顿，但倒也不难理解在这样的环境下，仅两年之后俘虏和奴隶在那里就很常见了。《盎格鲁-撒克逊编年史》中有关维京大军的记述中没有提到奴隶，但这并不能说明他们不存在。也可能仅是因为编史者对此知之甚少或没什么理由写。在这一情况下，考虑到极不寻常的同位素数据及骸骨上的伤，这四个雷普顿的孩童很可能是作为俘虏到此的。

查找明确证明维京奴隶交易存在及其范围的依据极其困难，难怪考古记录对此保持沉默。如何证明某人是被俘虏而自由受限，或是被迫远离母国而迁徙？即便在更接近现代的历史时期，我们大多有关此前奴隶制的证据也都来自文献。同样，一些历史文献给我们留下了维京人参与奴隶交易的线索，但不幸的是没有一处记述得非常详尽。在中世纪早期确实并非仅有维京人会参与奴隶交易。早在6世纪80年代，显然教皇格雷戈里（Gregory）在之后成为英格兰属地的意大利市场就遇到了金发孩童奴隶，对此还做了著名回应来描述这些盎格鲁人（来自盎格利亚的人），说他们"不是盎格鲁人而是安吉拉（天使）"。至少从文字描述看，维京人

2. 迪拉姆：银换奴隶

似乎的确也是其中最活跃的奴隶交易者。

研究的起点是看我们对斯堪的纳维亚人家乡的奴隶有多少了解。我们对维京时代等级体系和斯堪的纳维亚社会中奴隶的认识主要来自大约写于 10 世纪或 11 世纪的诗歌《里格斯图拉》(*Rigstula*，也称为《瑞格的名单》)。在这首诗歌里，瑞格是异教神，描述了三个不同社会阶层的神话起源，即奴隶、自由民和贵族。从该诗歌和冰岛萨迦文学可以清楚地看到受奴役者是维京社会的必要组成部分，在维京社会中他们被称为"特瑞尔"(trell)或"思罗尔"[thrall，现代 enthral（"奴役"）一词的词根]。"特瑞尔"本质上是不自由的，隶属于他人，没有法律权利。奴隶不能有自己的财产，遭遇暴力或虐待也不受保护，不过如果有人打伤或杀死了另一人的奴隶，他们是有责任向奴隶主进行赔偿的。奴隶可脱奴籍，要么得益于奴隶主的慷慨或实际需求，要么就得自付赎金。但我们从斯堪的纳维亚文献中看到最多的证据似乎是这一点与这些奴隶如何融入社会有关，而不是一开始就能实现。对买卖奴隶如何进行或有关奴隶抢掠者本身我们知之甚少。

有一点很清楚，许多奴隶抢掠的受害者是女人和孩童，因为通常在历史记录中有明确说明。有一处最早的记录与爱尔兰有关，《阿尔斯特编年史》中记述了 821 年都柏林附近的维京人抢掠时除了抢走其他东西，"一大批女人也被带走了"。同样，《皇家法兰克志》(*Royal Frankish*) 中也提到了 9 世纪 30 年代的维京抢掠，其中一处就明确提到了俘虏中包括"许多女性"(multas feminas)。像这样的文献对塑造壮硕维京劫掠者选择女性俘虏的常见形象有巨大影响。

或许这是真实情况。13世纪冰岛的《拉克斯代拉萨迦》（*Laxdæla saga*）中就有这样一处特别的记述，是爱尔兰公主梅尔科尔卡（Melkorka）的故事，而她的命运看起来更像是现代童话。其中一位主人公是冰岛人霍斯屈德尔（Hoskuldr），他借着为自己的农场采购建筑材料去了斯堪的纳维亚某地的一个市场。在那他遇到了一个名叫吉利（Gilli）的人。吉利是个非常富有的商人，因与罗斯国王们的贸易而为人熟知，当时他转做奴隶买卖生意。霍斯屈德尔心下确定仅妻子一人无法令他满足，他不在家时他的妻子还要负责照料农场，所以他还想再要个女人服侍。他买了吉利出价最高的女奴。与她同房后，他将她带回了家，也并不介意她似乎是哑巴的事实。这个女人生下儿子后才开口说了第一句话，用爱尔兰语说自己是名叫梅尔科尔卡的爱尔兰公主。可想而知，霍斯屈德尔长期忍耐的妻子不乐意看到梅尔科尔卡和她儿子，于是就把农场给了这位曾经的公主让她自己经营。她的儿子最后非常成功，可以肯定的是公主有一个相对幸福的结局。虽然故事里显然有许多浪漫元素，但信息相当丰富：在斯堪的纳维亚市场买卖奴隶的东方商人可以购买女奴作为情人，以及爱尔兰血统奴隶的出现。

9世纪70年代斯堪的纳维亚人首次在冰岛定居。有可能像在冰岛这样的新领地上，因各种缘由需要奴隶，最重要的是为新建的定居地供给劳动力。在9世纪早期到11世纪之间，爱尔兰编年史记载了许多大规模的抢掠，而在这些抢掠中维京人会羁押俘虏，大概是为了奴役。需要考虑的问题是整个冒险多大程度上是经过计划的。奴隶制是有组织的专业奴隶买卖商促成的产物，还是偶

2. 迪拉姆：银换奴隶

然的小范围投机主义者促成的结果？一些文献表明邻近都柏林海岸的多基岛（Dalkey Island）是将奴隶送至最终目的地前关押俘虏奴隶的据点。这表明其有一定程度的组织，也提前做了计划。10世纪或11世纪的《圣芬坦①的一生》(Life of St Fintan) 中有处记载也提到类似的9世纪一个奴隶的故事，这个奴隶在一艘艘船上被转卖，最终到了挪威或奥克尼群岛（Orkneys）。很多情况下，许多被带走的人实际上最终没成为奴隶，与其说是俘虏倒不如说是绑架，因为抢掠者一心想要勒索受害者家人而并非带走他们。这样获得赎金似乎机会众多又有利可图，也不用承担让奴隶活着的责任，既能增加高额收益又是后勤运输所需。

梅尔科尔卡的故事并非唯一提及爱尔兰女性抵达像冰岛这样的维京定居地的参考文献，现代科学依据很可能也支持这一点。2005年，一项DNA研究采用从现存人口获取的现代DNA样本研究冰岛与不列颠北部岛屿男女的血统。[1]这项研究调查了两种不同类型的血统，即依据Y-DNA的父系血统和依据线粒体DNA（mtDNA）的母系血统。线粒体DNA作为特定标记，只从母亲传给孩子，由此可追踪母系血统。结果表明，大多数冰岛男性（占分析样本的75%）有斯堪的纳维亚血统，大多数女性（62%）似乎来自不列颠群岛，包括苏格兰和爱尔兰。这一情况与研究者在北大西洋上设得兰和奥克尼等其他较小岛屿上所发现的非常不同。在这些岛屿上，有斯堪的纳维亚血统的男性与女性更均等。换言之，研究表明尤其是在冰岛，有克尔特血统的女性最后会与斯堪

---

① 芬坦，爱尔兰神话中的人物。——译者注

的纳维亚男性通婚。然而，即便这一科学依据看似令人信服，尤其是似乎很好地支持了历史文献，但也确实不能证实这些女人是作为奴隶到达那里的，我们无法知道她们是否自愿前行。不过，要回答奴役的问题，考虑性别差异很重要，就像考虑遗传基因是如何传递的一样。为能留下遗传基因，那些被强迫带走的人不得不生育以传递他们的DNA。被奴役的女人是否更可能最终成为他人的情人或妻子，然后有了孩子，是否比被奴役的男人成为丈夫或情人而有孩子的可能性更大？也就是说，即便最初被带走作为奴隶的女性与男性数量均等，遗传学也只能在两性生育速度相同的情况下才能证明这一点。

而这恰是一项有关古代DNA的新研究似能证明的。在这个研究中，研究者分析了可追溯至维京时代的冰岛考古遗骸的DNA，想确定这些人是否有斯堪的纳维亚或克尔特（爱尔兰或苏格兰）的血统。他们发现了同时具有两类血统的样本，但他们没有发现现代DNA研究中所发现的同一性别间的差异。这表明没有依据可以证明从不列颠来的女性比男性多，这恰与现代DNA研究结果相反。然而特别有趣的是，通过比较古代与现代人的基因数据，研究者能从统计学视角看到有斯堪的纳维亚血统的人实际上似乎比有克尔特血统的人更能成功地传递其DNA。即使这或许不能证明从苏格兰与爱尔兰来的那些人是奴隶，却也极具说服力地表明他们中许多人与同来自斯堪的纳维亚的移民属于不同的社会阶层。

不论何种情况，显然维京人能够满足这样的需求。我们熟知买卖人口交易遍及维京世界其他地方，问题是在不列颠和爱尔兰这样的西方领地，尤其是在英格兰，同样大规模的人口交易进行的程度如何？动机是什么？维京人能得到什么回报？就是在此中有着与伊斯兰世界紧密的联系，也由此表明，根据我们对其与维京大军联系的认识，这至关重要的线索就在几公里外的雷普顿。

东起涟漪

那年1月，偶然在推特（Twitter）评论后，我去距雷普顿不远的德比郡的一家酒吧见了一位当地的金属探测员。在此几周前，我得知当地有位爱好者认为自己发现了新维京营的依据。这令人欣喜的原因有两点：一是我从未听过附近有维京文物，尽管长期以来一直怀疑这里有另一处维京营；二是我一直想办法努力与当地金属探测群体取得联系。

在英国，如经土地所有者许可，金属探测便是合法的。这是很受欢迎的消遣方式，大多是明确责任进行的。即便如此，金属探测员与考古学者的关系既复杂又有时令人担忧。没有合理的批准和培训体系，原则上任何人都可以使用探测器将文物挖出来，甚至在不公开发现什么和在哪里发现的情况下将其出售。当然，这可能会造成历史知识的重大缺失。然而，某些被定为"珍宝"类型的物件就需要上报政府。这其中包括大量铸币、有300年以上历史的金银物品，以及一些史前文物。除非是这些珍宝，否则目前也没要求将发现情况报给考古学者或博物馆，所以在很长的一段时间里除了发现者没人了解大量缺失的历史。

证明维京人在英格兰出现的物证缺失，这对维京时代的研究尤其构成问题。除了在雷普顿和其他如约克等主要遗址进行的考古挖掘能支持有关维京人征服和定居的文献依据，令人吃惊的是明确与维京人有联系的其他遗址很少。全国范围内，我们没有发掘出维京人的定居地、农场和房子，仅有一些维京人的墓。

有些地名暗示了斯堪的纳维亚语使用者的定居之处，但在地上几乎找不到它们的踪迹。但最近一种系统记录离散金属探测发现的方法几乎彻底改变了我们对维京时代英格兰的认识。为防止金属探测者发现个别文物信息的缺失，1997年建立了名为"可移动文物计划"（Portable Antiquities Scheme，PAS）的自主记录系统。任何人发现考古文物都可以带给"发现联络员"将其录入中心数据库。截止到2020年，登记的文物已有140多万件，成果惊人。不仅有极好的文物，还补充了文献中迄今为止遗漏的不为人知的占领模式和遗址，从罗马别苑到荒芜的中世纪村庄。

虽然如此，但由于此计划基于自愿，很多信息还是遗漏了。我花了几个小时搜罗数据库中雷普顿附近发现的维京文物，什么都没找到。与许多同事一样，有段时间我一直在想如果20世纪七八十年代的挖掘发现果真如此，像维京大军这样的庞大军队果真来到雷普顿却没在附近留下任何物件，那在更大的地域范围内也没留下任何一丝他们出现过的踪迹吗？还是这些物件被发现了却没有上报？缺失证据是否等于证明其不存在？德比郡附近这么多活跃的金属探测者，有人一定知道些什么。尽管我在这里工作了5年，却完全不清楚有什么是已被发现却没记录的，其他人也是如此，直到1月的那天。

2. 迪拉姆：银换奴隶

我见到罗布（Rob）时，他已经花了无数个周末在德比郡的田地里搜寻，由此也收获了丰富的当地知识。他给我带来了一些他在附近发现的东西，给我看的第一件很显然是雷神之锤。银质吊坠部分有破损，与 G511 号墓中的那件很像。

虽然这锤子可表明维京人的存在，但仅凭此不足以证明这是维京营或定居地。同一地点发现的其他物件还有维京风格的胸针和盎格鲁-撒克逊时期的珠宝。其中一些是在过去的某个时期被故意砍碎的，这是维京世界常见的做法。综上，这些发现确实表明此地有大批维京人出现过。但罗布最后给我看的物件才是最重要的：几枚破损的阿拉伯迪拉姆铸币。这恰是我一直期望的，因为这些铸币揭示了缺失拼图中的一块。

单独发现迪拉姆的情况在英格兰相对很少，到 2020 年 PAS 数据库中仅有 56 条记录。其他数量较多的迪拉姆是在宝库中发现的。宝库埋藏铸币和其他贵金属等地下隐藏储备金，以便妥善保管和日后提取。但 PAS 数据库记录的是单独发现的铸币、偶然丢失或耕犁翻散的宝藏。标准直径约 2.5 厘米，这些铸币比同时期流通的盎格鲁-撒克逊铸币显然要大。银制迪拉姆的两面均有几行文字，通常沿着外缘和在中心位置刻有阿拉伯语（"库法体"）。这些铸币通常附有格外丰富的信息，一般不仅有当时统治者的姓名和统治时间，有时还会有铸造年份、地点和铸造者的详细信息。这些很重要，因为可以直接证明维京时代与强大的阿拉伯哈里发帝国间的联系和贸易。

然而，根据我们传统的认知，中世纪早期的英格兰与这个世界几乎没有联系，当然更不会在像这样的地方——乡村德比郡的中部。这些迪拉姆铸币对9世纪盎格鲁-撒克逊的普通农人来说几乎没用,所以没有显而易见的理由说明它们为何竟在这些地方被找到。这些迪拉姆在英格兰出现似乎完全与维京人有关,这不仅表明维京人处在巨大的联系网中,也表明他们的行为在全球舞台上的重要影响。

大约在维京大军出现在英格兰领土的两个世纪前,中东发生了件大事,对世界历史有不可估量的影响。622年,先知穆罕默德与他的追随者一同出发穿越阿拉伯沙漠,从麦加到麦地那,继续传教。到7世纪晚期,由哈里发阿卜杜勒·麦利克(Abd al-Malik)领导的日益繁荣的阿拉伯哈里发帝国开始依照金币铸造银币第纳尔。因政府想完善货币体系并建立对这一体系的控制,新币第纳尔很快成了官方货币。似乎没过多久,这样的铸币就开始在法定货币范围以外更远的地方流通。到了9世纪,这些铸币也开始在斯堪的纳维亚半岛大量出现。

了解迪拉姆究竟对维京人而言代表着什么,以及为何这些铸币在维京世界如此大量出现,是很重要的。相比货币价值,斯堪的纳维亚人对铸币的银含量更有兴趣。从9世纪晚期到整个10世纪,对银的无限渴求很大程度上推动了维京人的扩张。你可能会认为,除了政治征服和定居,大部分维京劫掠和袭击都源自他们对贵金属无节制的需求。很多人也这么想。银成了维京二元经济体制非常重要的一部分。随着时间的推移,普通铸币开始与称为金银经济的计重支付体系同时存在。维京人获得的大量银很快就会被熔制成银锭,也就是小金属条,以便储存和交易。完整的或切成碎银的银片,就像金属探测员罗布发现的那些,在宝库或偶

2. 迪拉姆：银换奴隶

然在斯堪的纳维亚和其他已知维京人去过的地方能找到。

偶然间，我们看到了维京人收集的银展现出这样一个复杂的关系网，且关系网在银的作用下向东延伸。有个典型案例就是金属探测员找到的约克谷的宝藏，其时间可追溯到维京大军之后的几十年。2007 年，大卫·惠兰（David Whelan）与其子安德鲁（Andrew）在北约克郡田地里进行探测。探测器一开始发出的不起眼的哗哗声，后来成了近 150 多年一项最重要的发现：一只里面装有 617 枚铸币、67 件银器和一只金臂环的镀金银杯。此宝藏的埋葬时间推测是在 927 年末或 928 年初。那时英格兰南部的国王阿瑟尔斯坦（Athelstan）刚重新夺回了几十年来一直在维京统治下的英格兰部分地区（包括约克）。866 年，约克第一次被维京大军占领，时不时地作为其季节性驻地，一直到 878 年。接着，从 9 世纪晚期开始，这里成了斯堪的纳维亚人统治下英格兰北部和东部扩展地区的一部分，有时（虽不够严谨）也称为丹麦区（Danelaw）。然而到了 10 世纪 20 年代，维京人与撒克逊人之间的冲突造成了地区不稳定，这也很可能是像这样的宝藏埋在地下妥善保存的原因。

约克谷宝藏中的这些物品来自非常多不同的地方。杯子由法兰西制造，大概是从法兰克人的教堂抢掠而来的或是法兰克人被迫交的贡金。然而，里面的铸币从当地发行的盎格鲁-撒克逊铸币到主导欧洲中西部大部分地区的法兰克帝国加洛林王朝的货币都有，还有不常见的盎格鲁-斯堪的纳维亚类型的货币。为纪念约克的圣人，后者的一种货币被称为圣彼得（St. Peter）便士，这种便士一面是基督教十字，另一面是维京剑和托尔之锤。象征着两种身份融合的这种铸币于10世纪早期由斯堪的纳维亚定居者铸造。此外，还有大量银锭和碎银，这表明维京大军来此之后的半个多世纪里白银经济依然活跃。

宝藏中展现的国际关系甚至更有趣。宝藏里面有15枚迪拉姆，其中一枚源自撒马尔罕（Samarkand）铸币厂。此地位于现今的乌兹别克斯坦，而乌兹别克斯坦是丝绸之路上的重要地点。另外两件可能与东方有联系：一枚与在俄罗斯格涅兹多沃（Gnezdovo）维京宝藏中所发现的胸针类似的胸针，还有一件更不常见的被称为彼尔姆环的物件的碎片。之所以叫彼尔姆环，是因为其大多是在俄罗斯乌拉尔山脉卡马河畔的彼尔姆附近发现的。

彼尔姆碎片是环形构造的一部分，上面雕刻着蛇形环绕银棒的环状造型。这本是大圆环的一部分，用于佩戴在脖子上。与此类似的完整颈环在斯堪的纳维亚、波罗的海的岛屿和丹麦东部都发现过，其中许多都可追溯至维京时代早期。大多发现的是完整圆环弯曲成较小的螺旋，维京人将其作为臂环。这也是非常有趣的地方，虽然其用作颈环或臂环，但也可专门用作可穿戴的货币，因为完整的圆环其重量总是对应一些特定计重标准。标准一般是100克的倍数：俄罗斯的样本通常重约400克，在斯堪的纳维亚发现的更轻一些，重约100或200克。约克谷碎片重26克，约是100克标准的四分之一。碎片上经测试总共有4处划痕，说明银器曾在某个时间用于检验交易。此前有人认为一件银器上的划痕数可以让我们了解其流通了多久，而我想知道一条划痕是否代表一笔交易，比如，银换奴隶交易了四次。

在维京人的家乡，直到世纪之交，以重量为基础的货币体系

2. 迪拉姆：银换奴隶

和货品交易体系都是惯例，因为在此之前铸币生产仅是小规模的。在西欧其他地方情况略有不同。事实上，在8世纪到10世纪之间，欧洲大陆上可以看到相对明显的分区，分界线大致沿着易北河，也就是在现今的德国，邻着加洛林王朝的东端。分界线以西一贯是铸币经济，以东则金银经济占主导。有趣的是，迪拉姆在北欧的分布与这样的分区恰好对应，这表明这些铸币几乎全是直接经由东方路线到此，而非跨越地中海而来。

在英格兰，铸币在罗马帝国统治下繁荣发展，接下来的几个世纪铸币生产实际上已经不复存在。7世纪晚期，开始有少量铸币生产。但直到八九世纪，铸币货币体系才开始成为盎格鲁-撒克逊经济至关重要的一部分。8世纪50年代至90年代统治盎格鲁-撒克逊麦西亚王国的国王奥法（Offa）引入银便士改革币制，他将这种铸币作为自己政治经济统治的工具。统治者也会以艺术创造铸币的方式宣示自己的权力。值得注意的是，奥法甚至仿制了阿拔斯王朝（Abbasrd）哈里发曼苏尔（al-Mansur，754—775年在位）统治阿拉伯的阿拉伯第纳尔，虽然有人认为此举主要是为了地中海的贸易交易，事实上，分析表明当时许多黄金制品都由回收的废金属制成。

直到9世纪的最后25年，在阿尔弗雷德大帝统治时期，英格兰的货币使用通常还仅限于东部地区。在更远的地方，这几个世纪的支付方式通常还都是易货。然而，到维京大军9世纪中期抵达这里时，维京人无疑已非常熟悉铸币在当时主要经济体系中的地位，尽管那时他们还没有自己生产铸币。这表明他们了解并且参与了两种截然不同的支付体系，而迪拉姆便是后者的象征。

一种发现这些物件是否凭其金属含量置换的方法是寻找银器上的测试划痕，即其表面有某人测试金属纯度的划痕等痕迹，毫无疑问这是因为他不确定能否信任面前站着的这位交易者。测试可以显示金属是否足够硬，也能揭露物品是否由镀了银的更廉价的材质制成。

金银经济在维京人中颇受欢迎有几点原因。其一，这一体系简单易用，较容易检测银的质量和纯度，之后称其重量用以支付。其二，这一货币类型为非常不稳定的集体提供了更多的灵活性。这种类型的财富，无论他们走了多遥远的距离都能保值，同时如果在某个地点待上数月甚至数年，那在这段定居的时间里也可以使用。其三，银条可用来避税。作为纯金属，银不是统治者发行的货币，因而不直接由某一政权控制。这使其很可能处于特定法律之外，尤其是在盎格鲁-撒克逊时期的英格兰，因此纳税的可能更小。很容易就能想到这点对维京人有足够的吸引力。

所发现的迪拉姆数量不断增加让我们看到与东方的联系比我们此前认为的更为密切。但这仍不能让我们更全面地看到究竟在维京人劫掠和交易过程中有多少银流入了不列颠和爱尔兰。那些熔成银锭和银条的银呢？同位素分析终于能开始回答这个问题了。

从表面来看，银锭没有任何能指向金属来源的线索。我们不能通过物件的设计来辨识其来源：彼尔姆环的螺旋与法兰克杯的复杂铸造无法揭示其艺术与地理渊源，熔化后，这些都不复留存。直到最近，也无法确认这些金属的来源，因其已成了无任何特征的锭。然而，就像人的牙釉质的化学特征一样，金属也保留了其来源环境的痕迹，这让我们有机会用同位素分析来确定其来源。

2. 迪拉姆：银换奴隶

自然的银少有天然纯度较高的，而且，通常发现的都是在天然矿石中与几种矿物混在一起的，比如方铅矿（铅中有少量银，含量达到1‰）。要从这样的混合矿石中提取银，需要先通过熔炼去除杂质来提取金属，接着通过称为烤钵试金法的过程将银从中分离出来，需将金属加热到非常高的温度以氧化铅从而去除铅，但其他元素总有残留。这是个好消息，因为恰恰有了这些金属才能寻找地缘。在追踪银的来源过程中，铅的同位素非常有用，因样本中测量的同位素比值恰好可与不同地理区域铅银矿石比值对应。这意味着有可能区分不同的铅来源，比如西欧（英格兰或法兰西）或者中亚。

最近一个项目正大规模调研英格兰的维京银来源，尤其关注这些银是否从大陆还是从更远的地方而来。主持项目的牛津大学考古学家简·克肖（Jane Kershaw）研究了在维京宝库发现的银锭。[2]初步结果表明这些银主要来自东方，大都熔自迪拉姆。这说明我们可能严重低估了直接来自东方的金属量。

新发现

显然，从东方输入的银来源广泛，有存在此后宝库中的，还有维京人最早来英格兰时期流入的。这表明9世纪70年代来英格兰的人已是更大的跨越西欧、颇具规模、运行良好的体系和网络的一部分。但直到最近我们才对此较早的联系有了些了解，且大多数证据来自像简·克肖研究银锭那样的新方法。为了揭示更大图景，理解这些联系，我们需要在时间上和空间上追溯踪迹，弄清楚其如何对应我们从雷普顿等地了解到的情况。

我再次遇见金属探测员罗布时，刚好有机会仔细察看更多他鉴定的德比郡田野发现的物件。有几枚铜合金胸针，很可能是抢掠而来或作为贡金献上的。在这中间我看到了一张小脸：两只眼睛，宽宽的鼻子，像是带有人像的斯堪的纳维亚吊坠碎片，可能代表奥丁。另外三个物件小而不起眼，设计看起来明显很现代，容易让你错当成棋盘游戏中的骰子。这些称为多面体或立方八面体砝码，是由青铜制成的多面测量器具。每个砝码各面都有一些点，从1到6，对应其重量。这样，这些砝码便可用以称量少量的日常用品，很可能是每天用于购买物品的银。每位交易者都有自己的一套，这意味着你可以完全确信没有人想以此欺骗你。新研究表明这些砝码的使用可能基于在东方形成的一套计重体系。

每枚迪拉姆或第纳尔的铸造也是基于固定的金属重量。事实上，这些源自前阿拉伯时代的货币起初也基于非铸币计重标准，即用于称重金银数量的标准。第纳尔的重量约4.26克，相当于密斯卡尔（mithqal）这一重量单位的重量，而阿拉伯迪拉姆重约2.275克，由阿拉伯法律规定。与此同时，在斯堪的纳维亚人的家乡，同时还存在着以计重为基础的经济体系，这些我们可以从之后中世纪的文献中看到。这里的体系依马克（mark）而设，分为更小的计量单位，欧尔（öre）①、欧尔塔格（örtug）②和便士。

---

① 欧尔，斯堪的纳维亚的货币单位，相当于百分之一的瑞典、丹麦和挪威克朗。——译者注
② 欧尔塔格，斯堪的纳维亚的货币单位。——译者注

2. 迪拉姆：银换奴隶

欧尔约重24.5克，就是说8欧尔相当于1马克，共计196克，这接近在斯堪的纳维亚发现的重200克的彼尔姆环的重量。

如此，情况变得愈加有趣。从瑞典的考古发现中，考古学者发现了似乎是阿拉伯与瑞典体系结合的情况，在那里发现的砝码重约12.7克，约是密斯卡尔的3倍、欧尔的二分之一。这样的发现非同寻常，因其暗示了当时两种货币体系使用的直接关联。发展使用这样的计重体系可能是为了促进不同地区间的贸易。这让人不禁想到阿拉伯与瑞典体系间的结合恰是因为有了这些与东方的联系，而不同体系在这些地区的使用也使得地区间直接的贸易往来成了可能。

这里的时间线很重要。罗布发现的依据与英格兰其他遗址的证据清楚地说明，在9世纪中后期维京大军使用了这些多面体砝码。要实现这一点，首先，这些砝码实物（或至少其模型）必须有时间从东方运来；其次，它还必须成为已有的贸易体系的一部分。换言之，维京大军若要真正用上这些砝码，前提是必须有大范围的人接受和习惯这些砝码的用法、设计与使用规定。

我们不知道这需要花费多少时间，即时间跨度难以确认。即便有像铸币宝库这样埋葬时间通常可以相对准确确定的相关发现，重构所有事件的顺序也很棘手。比如每件物品是如何到达特定地点的，其来历又是什么？用这些铸币推断年代需着重考虑的是其从中东到像英格兰这样的地方需要多久。显而易见的是迪拉姆的时间通常可以相当准确地确认，因为在较短时间内发行了不同版本，但也需要考虑一些时间延迟：其一，需考虑将铸币从发行地带至最终地点花费的时间；其二，需考虑通常非常长的流通时间，尤其准确来说是在其不只作为货币使用的时候。铸币因含银量高而价值很高，所以人们在最初得到后在相当一段时间内倾向于将其保存、存储。

因此，想要依据迪拉姆上面的最近日期推断宝库或集藏的年代，不太可能得到铸币真实遗失或埋葬时间的准确反馈。虽然我们能估计出铸币到某地可能的最早时间，但对个别发现并非总是很有帮助。虽然如此，从不同铸币分布的整体情况来看，从铸币铸造到最早抵达英格兰，其间似乎整体有约 10 到 15 年的延迟。我们还不能回答的是，如果这些铸币不是从东到西一路到此的话，是不是经一系列的贸易往来分别转移到此的，还是由什么人随身带来的。

不过，追溯个别物件发现的过程，察看其可能所经地点，都可能得到更多线索。首先，要对罗布勘探发现的遗址有更多的了解。这里距雷普顿仅有约 4 公里，此前我开车已路过几十次，却完全不知这片缓缓起伏的土地里竟藏着如此多的新证据。路的两旁是河滩，仅能看到向右是个缓坡，从这个视角完全看不到几百米外流淌的河流。在 9 世纪，河流大概流淌在如今道路的位置。再向前，有个陡峭的悬崖，在那悬崖上视野好，可以看到从北边来的人。这些物件是在较大的露天区域发现的，可以想象这里陆地遇水的缓滩如何作为船只停靠地而起着作用。这片土地向远方和两侧延伸，很容易便能理解这个地方如何能维系一大群人——一整支军队及其依附者——的生活。

沿路再向前，有条向南的小路，可以看到红色的土，一路从河滩直到福尔马克小教堂。福尔马克曾是乡村的名字，结果证明

2. 迪拉姆：银换奴隶

线索一直就在这名字中。福尔马克在 11 世纪被称为福恩沃瑞克（Fornewerke），这个名字源自古北欧语的 forn（福恩）和 verk（沃瑞克），意为"旧防御工事"。由此，向东南看去，恰好可以辨出那一丛树下掩着有维京墓的火葬墓地希斯伍德。要不是有罗布的发现，这里便没有太大价值，直到这时碎片才开始拼凑起来。其他附近的地名也附有信息，比如附近的英格尔比（Ingleby）村的名字是古北欧语，意为盎格鲁人或英格兰人的定居地。得知此处可能在福尔马克有维京营以及有之后的斯堪的纳维亚村，我们或许能找到抢掠者与定居者间缺失的联系。

不过，我更感兴趣的是早期遗迹的发现，尤其是与东方的联系。目前准确推断遗址的年代经证实是较困难的，但至少我可以确认罗布发现的其中一枚迪拉姆的情况。这特别的四分之一铸币于 768 年在穆罕默德迪亚 [al-Muhammadiyah，也称为赖伊（Rayy）] 的地方铸造。[3] 这枚铸币从现今伊朗的位置到里海南部，如今走陆路需四千多公里的路程。自当时在福尔马克遗落已有一百年的历史，这表明可能是经斯堪的纳维亚到了那里。这枚铸币证明了雷普顿和东方的联系，但想要知道发生了什么，我需要追随维京人的脚步，向北进发，沿着特伦特河到维京大军去雷普顿之前生活了一年的地方。这很可能是一段坐船航行的旅程。

3
船钉：河上国王

克西　约872年

　　灯光迅速暗淡直至消失，你开始感到有压力。火盆里飘出的烟刺痛你的眼睛，烟味渗入你身体的每个毛孔。时间不多了。你负责监督船只修缮，天亮前必须修好。营地气氛变了，空气中能感受到明显的期待。新兵们在兴奋中夹杂着恐惧。交易商人已收拾好货物。打磨武器的声响和突然的争吵声取代了游戏的笑声。但现在你的注意力转移到了眼前的船只上。跨越远海，咸咸的海水和长远的航程损害了船体。木头腐烂，铁铆钉散了，成了手中的橙灰色土。船需要恢复最好的状态，因为不知道下次抵达安全港是什么时候。你叹了叹气，有个男孩手里拿着一把铁钉向你跑来，被脚下树根绊了栽倒在地。你一边帮他从泥泞中站起来，一边温柔地责备他。

3. 船钉：河上国王

海上战马

　　雨天的一个下午，我在书房，每处空地都放满了塑料袋、盒子和文献。这次的文物是近来从雷普顿新挖掘出来的，为了解答一些有关维京人的未解谜题，几年前我就开始发掘了。我现在正在看大量的碎片：生锈的金属碎片，仅有一点原本的痕迹。我们收藏、装包、整理记录了所发现的每片金属。我们记录了其中大多数碎片所处位置的三维数据，甚至在挖出地前面的位置拍了照。我一直特别留心找方头钉。这样的钉子并不少，我收藏了100多根，又从雷普顿那里得到了大概600根。当时和现在一样，这样的钉子随处可见，就像21世纪的今天可用在日常生活的各个方面。吸引我的是两年前发现的一根小钉，刚从地下挖出来时就让我们感到兴奋。它只有约 5 厘米长，较粗，一头圆一头方。正是这方头让我起了兴趣，因为它不仅能让我知道一千年前谁在雷普顿，也能让我了解一些有关这些钉子最初如何来到这里的信息。

关于维京时代的起源及其背后的机制已争论了数百年。在这两个方面，通常要考虑的一个影响因素便是维京船的发展：设计格外精良的船让北欧规模前所未有的海上探险和战争成了可能。第一次发现一艘维京船是 1867 年在挪威南部的一个农场。"图恩"（Tune）船现今陈列于奥斯陆维京船博物馆，虽是最不引人注目的展览船，但从很多方面而言其传递着大量信息。由于特殊的土壤条件，这艘船保存完好，是在一个直径约 60 米、至少 4 米高的巨大土堆下发现的。

这艘船由奥卢夫·吕格（Oluf Rygh）发掘，他后来成了挪威专业考古学的奠基人之一。当时他所用的方法用今天的标准来看尚有些不足。发掘工作粗略，仅用了两周时间。将木框架固定在船底，用马将其从地下拉出来，放到附近河上的一艘驳船上。从那里，漂流到奥斯陆峡湾，然后拖到首都。不巧的是，博物馆没有空余地方，所以就放在了外面，直到后来建好了合适的地方才放进去。这艘船后来用树轮年代学（根据树木年轮确定年代）推断其所处时间约在 905 年至 910 年。虽有证据说明其中有墓，但遗骸和大多数墓葬品都在挖掘过程中遗失了。这艘船用于运送较轻物品，更可能是人，这便成了合适的战舰。像这样稍大些的船可沿浅水域在河水中演练，而稍小些的船更实用，更常用于日常航行。

维京船之所以独特有几点原因。船体用一种搭接建造的技术，

3. 船钉：河上国王

即将每块木板叠在一起，使船在海上航行时稳定性更好、速度更快。同时，船体较浅意味着适合在海滩上着陆或在峡湾和狭窄河道航行。非常特别的不仅是船体的韧性，还有龙骨的新设计。从船头到船尾贯穿整艘船的结构受力梁稳定了船，也意味着可以在那些较浅的木船上装上帆。船帆与龙骨的特别组合使得船的航行范围与速度都达到了前所未有的水平，在海上也更易操控。

维京船极具重要的战术优势，既可以航行很远距离，又可以在浅水中移动。如有必要，船舵可以拉起，如此便能移至敌船所及范围之外避开敌船。这些船也相对容易被拖至海滩，这也是选择福尔马克这样的地方的原因。不论在家乡还是远离家乡，维京人都可以以此运输，即在水路间经陆上托运船只。正如我们将看到的，这成了他们在东欧取得成功的关键因素。

但即使船在维京入侵中起了关键作用，在维京人去往的地方却几乎没有留下痕迹。事实上，据我们目前所知，在整个英格兰尚未留下维京人用过的一艘大船或小船。在苏格兰和马恩岛（the Isle of Man）的墓中有这样的情况，但都是小船，而非我们以为的维京大军在主要袭击中所用的长船。即便在墓中发现了小船，里面剩的也通常只有铁制物品、钉和铆，其他有机部分已在地下腐烂了。因此，除了在海底发现了一艘维京船的完整残骸，可以证明其在英格兰出现过的最好证据就是金属制品。这就是为何我们能从船钉知道维京人在雷普顿等地出现过。

钉子是船只的重要组成部分。据估计，像在挪威发现的22米长的"奥赛贝格"号这样的大型船，至少需要5 000根钉子，即超过125公斤的铁。[1]可即便如此也不够，因为铁在海水中消耗非常快，会生锈，很快就需要替换。航行过程中不断修缮铆钉和钉子很关键，更不用说还需要修复船在其他情况下遭受的损坏比如战斗或遇袭。现在看来冬令营对维京远征的军事成功至关重要，可能正因为恰好提供了这样做的机会，而证据如今就散落在我办公室的地板上。

船帆也需消耗大量资源。8 世纪甚至可能 7 世纪的时候，在斯堪的纳维亚船帆已采用大纺织帆，从根本上改变了北部地区间的连通性。帆本身不是新发明，帆船在此前已在其他地方用了几个世纪。但在斯堪的纳维亚直到 8 世纪的某个时候才开始真正用桨划船，而只有开始用船帆后海上大规模的航行才终于成了现实。大多数维京时代的帆由羊毛制成，因其质量较好，以此生产的耐用纺织品可承受船遭遇的恶劣条件，比如北海的狂风骇浪。

事实上，有完好高质量的船帆与船身同样重要，但并不便宜。据 11 世纪圣者奥拉夫（Olaf the Holy）的萨迦一处记述所言，鲁莽的挪威人阿斯比约恩·赛尔斯巴恩（Asbjørn Selsbane）因非法购买谷物被国王手下没收了一张昂贵的高质量船帆而泪流满面。如果察看帆的生产流程，就容易理解其原因：据估计一艘有 30 对桨的船需要一张约 120 平方米的帆，较小的商船也需要 46 平方米的帆。[2]

重构结果显示，要纺织一张 100 平方米的羊毛帆，用维京时代的方法竟要纺织 1 292 天，需要不停歇地工作三年半。要从大约 150 只绵羊身上剪下 75 公斤的羊毛。显然，从一开始获取这些资源对成功劫掠至关重要。在途中保护船帆以及在遭遇极其恶劣的风暴或战斗后修复所受损坏就是另一项非常重要的技能了。当

3. 船钉：河上国王

然，制作船帆并非羊毛的唯一用途，它可能也会用来做帐篷和衣服，一些人认为这半防水的衣服尤为适合水上航行倒也说得通。

文献资料不仅让我们了解传说中船的故事，也提供了造船的有用信息。最著名的船是"奥尔曼兰格"（Ormen Lange）号，即"长蛇"（Long Serpent）号。据斯诺里·斯蒂德吕松（Snorri Sturluson）的萨迦《挪威王列传》（*Heimskringla*）所记，此船由挪威国王奥拉夫·特里格瓦松（Olaf Tryggvason）于1000年建造。故事是这样的：国王奥拉夫受到一艘船的启发，命人建造一艘新船，要求新船在每个方面都要更优越、更大，也要更仔细地组装，船舷"如海船高"，有34条船员长凳，够68名船员划桨。这艘极好的"长蛇"号装饰华丽，船头与拱形船尾镀了金，还有一张巨大的船帆。

斯诺里将这艘船的成功归于其建造师托尔贝格·斯卡夫霍格（Thorberg Skafhog）。托尔贝格与几队人砍伐、打磨、运输木头，还做了些钉子，所用的一切都是品质最好的。但正是追求完美几乎让他丢了性命。有一天他为处理一些紧急家务将建造工作留给了木匠。他第二天早上回来时，国王恰来视察，紧接着满脸烦躁的工人告诉国王有人晚上毁了船，趁着夜黑将船板一块块砸了。国王非常气愤，发誓要杀死做这件事的人，他以为是有人出于嫉妒这么做的。

就在这时，托尔贝格走上前说他乐意说出罪魁祸首，事实上就是他自己。因对自己团队的表现非常失望，所以他故意毁了船，也很清楚这样会激怒国王。冒着死的风险，他开始修复船板，重新打磨，为了让船如所称那般完善，也更漂亮。实际上，托尔贝格这样做是为了大幅提升船的质量，让船板更平滑、更轻薄，这样在水中就会更灵活。

虽然"长蛇"号的故事不一定完全真实，但能说明技艺娴熟的造船师的重要性，也让我们知道了其中的技艺。斯诺里对"长蛇"号的描述也告诉我们像这样的船能容纳多少人：至少 68 对桨手以及 30 多名前舱的船员。这是估计维京入侵规模的关键要素。20 世纪 50 年代，史学家皮特·索伊尔（Peter Sawyer）计算了历史资料中提到的船的数量，以此乘以每艘船上的座位数，最后用这样的算法推测出了军队的规模。

更大的船可以圈养家畜，包括马，这也是战术优势。比如，在巴约挂毯上就展示了"征服者"威廉（William the Conqueror）入侵英格兰的画面（当然，挪威国王威廉是诺曼底维京定居者的后裔，所以上面描绘的船很可能是维京船的真实模样）。船上有马，正跳进浅水参加战斗。这能证明 9 世纪的维京人也会用马，尽管我们不知道其是否由船运来。在《盎格鲁-撒克逊编年史》中有记述，881 年离开英格兰前往大陆的"抢掠大军"战后从被击败的敌人那里得到了马匹。

用船做墓室也说明船在维京时代的宗教信仰中有一定的地位，并非仅是航向后世的船。一些人认为船专门用来将死者送到赫尔（Hel）[①] 或瓦尔哈拉殿堂那里，最后去哪里就看命了。北欧神话中也有船：芙蕾雅（Freya）的哥哥弗雷（Freyr）的魔法船"斯基德布莱德内尔"（Skidbladner）。由建造托尔之锤的米约尔尼尔

[①] 赫尔，北欧神话中的死亡女神。——译者注

3. 船钉：河上国王

的矮人所造，虽不是最大的船，却是公认最好的、技艺最精湛的船。不论向哪个方向航行，只要风帆拉起，就会神奇地刮风。这艘船大到可以坐下所有的神，每位还都带着他们的武器和战斗装备。不航行时，可以叠成小块，"弗雷能像叠餐巾一样把它叠起来放进自己的口袋"[3]。这是斯堪的纳维亚人想象的最好的组装方式。

通常对维京船的关注主要集中在航海性能。一想到航行到格陵兰岛和冰岛等地那些令人印象深刻的举动，航海性能似乎也不足为奇。但我们知道沿河的迁徙对维京人的成功至关重要。这点可从文献和考古遗址的分布得到证实。从雷普顿、巴黎和塞维利亚（Seville）等所有我们已知9世纪维京人建营或袭击的地方来看，仅有少数遗址从前可从河流进入。特别是在欧洲大陆，文献详细描述了入侵的维京大军是如何积极、有意且成功地利用了塞纳河（Seine）的。反过来想，这也需要抵御军队创造性的守卫方法，就像885年巴黎袭击那次引人注目的记述那样。在所有策略中，抵御者试图通过投掷燃烧的热蜡黏性混合物砸向对方来击败袭击者，但作为应对，据说维京人点燃自己的三艘船烧毁了一座通向城门大楼的桥。这并不新鲜。我们知道河流对维京人在欧洲许多地方的迁徙非常重要。我们不知道的是真实细节。我们没有实证，也不知这一过程如何发生。或许我们尚未充分了解河流本身作为媒介的全部意义。

漫游者

在英格兰中部，特伦特河静静地蜿蜒流过德比郡。现如今这条河不过是远离喧嚣现代生活的宁静归宿,大多数人仅在桥上看到或在干线公路高速行驶时偶然瞥到。但在 9 世纪,特伦特河便是这里喧嚣的源头,尽管我们已知的细节甚少。有几种方法可追踪过去河流的使用情况,最显而易见的是直接描述这种旅途的历史资料。可惜的是,从某个时期开始,这样的记录就很少了。有一些书面资料倒更像是巧合,比如有记录描述了哪里有摆渡和河道交叉处。还可以从地名中发现隐含线索,如雷普顿附近的特怀福德(Twyford),即两条河流浅水处,意指河道交叉处。但要追踪谁用河流进行了贸易、战争、运输或来这里消遣,我们就要知道那些河流过去流向哪里,而这个问题比你想的要难得多。

令问题更复杂的事实是,随着时间的流逝河道有明显的变化,现今的河道可能与千年前的已完全不同。这在福尔马克和雷普顿都能明显看到,两地现在都距离特伦特河较远。事实上,"特伦特"一名取自克尔特语,意为"漫游者",这是形容河流迅速移动、河道迅速变化的一个非常诗意的名字。你可以在卫星图像上清楚地看到这些。过去河道的痕迹沿着蜿蜒的树木线和田野的边界形成了这里的地貌,与现代道路和树篱笔直的线形成了鲜明对比。

缺少中世纪早期有关特伦特河及其他河流位置的历史信息的确是个问题。这一地区的地图少之又少,直到几百年后的中世纪时期才出现少数的早期地图,但其从未像我们今天这样用作导航工具,而是作为一种更形象的说明各地间关系的方式,用陈述来说明,从历史事件到以宗教看待世界秩序。比如,以一些古代世界地图为例,早期的世界地图通常包括一系列令人感叹的插图注

3. 船钉：河上国王

释，从基本方向到植物再到神话中的兽。虽然这可以告诉我们很多有关中世纪思维方式的信息，但几乎没有提到中世纪的航海。

有个例外是所谓的高夫地图（Gough Map），它是可辨识不列颠地理特征的最早的地图。这幅地图尤其有用的地方在于其展示了横跨大陆的巨大河网。向着意料外的一侧倾斜，呈带有触须的旋涡状，河流像动脉一样与海岸线一同连接着城镇和教堂。在这张地图上，正是连通一地与另一地的关键河流令你眼前一亮。这一定说明河流也是前行的关键。

我们不能完全确定这张地图是何时绘制的，但普遍说法认为可能是从14世纪开始绘制的。上面可以清晰地看到特伦特河，德比郡和河畔的波顿（Burton）刚好就分别位于雷普顿的东北和西南方向，标记出来后可以看到，从北海海岸一路沿河航行不但是可行的，而且在当时很普遍。但这张地图与9世纪仍隔了约400年，缺少细节也说明其确实不能告诉我们维京时代特伦特河的很多信息。

幸运的是，我们如今有很多科学方法可以提供帮助，从采用一种叫微观形态学的技术对砂砾、碎石和沙子等沉积物在水中的移动进行细致的观察，到机载摄影激光雷达的新方法。后一种技术尤其令人兴奋，因其揭示了高度差异和地势地形的详细图像。这表明我们可以用一种直到现今才可能的方式非常精确地测绘和勘查地貌。激光雷达的工作原理是安装在飞机或无人机上的设备向地面发射脉冲激光束，在地面上经任何表面都会反射回来，测量传回来的脉冲，并计算其所经过的距离。它有点像回声测距或用来显示水深和寻找海里鱼群的声呐。特别有效的是，激光束穿过叶子，就像阳光穿过树冠显示出的星星点点，这意味着即使在森林里也能绘制出非常详细的显示地貌起伏的地图。

对维京大军遗址而言，这是令人兴奋的好消息。在福尔马克，可以清晰地看到特伦特河沿着这一段蜿蜒流淌，像这样的几条不同的古水道也称为古河道。不过在河水流到这里前，确实有个悬崖，是一个陡峭的石灰石山脊，甚至上面还有个曾作为锚地的洞。而探测到金属的地方也是所发现的第一个沿着这段可安全停一艘船甚至很多船的地方。从激光雷达地图上看，这个地理位置非常有意义。

移动城镇

追随维京大军的步伐和红玉髓珠抵达雷普顿前的最后一程就需要从福尔马克沿着河流向北到林肯郡的克西。经历史证实这一遗址是抵达雷普顿的前一年大军驻扎过的营地所在地，距从北海通向英格兰中部门户的特伦特河与亨伯河（Humber）的交汇处不远。正是在这里，在克西，金属探测员过去一二十年里的发现真正开始改写我们对维京大军的认识，迫使我们重新思考研究在英格兰的维京人的生活方式。

直到 21 世纪，我们对在英格兰的维京人，尤其是 9 世纪的维京大军的了解少得惊人。除了在雷普顿的发掘，我们已知的大多数信息都来自历史上对军队行动的较少描述，不可避免地要从维京人对手的视角去看。其中重点关注的是维京领袖、舰队数量以

3. 船钉：河上国王

及偶尔提及的"堡垒"或"防御工事"，但并未详细说明这些到底是什么。

这些描述，再加上马丁与比尔特挖掘的巨大防御围渠中的考古证据，大家便依此寻找其他地方的封闭防御营地。但接下来的 30 年里，一直没发现这样的营地。有几处维京人故土的遗址具有明显的防御功能，比如瑞典比尔卡（Birka）的维京城镇和现在德国北部的海泽比（Hedeby）以及丹麦的特瑞堡：由组织良好的军事部队花费时间、资源所建的巨大的对称土方工程。当然，给阿尔弗雷德大帝这样的人带来巨大悲痛的军队一定也建了同样的工程。事实证明，考古学者一直以来寻找的方向有误。克西的发现清楚地说明出土的大量金属只能与维京人相关，比如迪拉姆、碎银和金子，还有托尔之锤以及大量砝码与量器。

这些铸币令人毫不怀疑这些发现应与 872 年到 873 年在这里越冬的维京大军有关。[4] 阿拉伯铸币最早可追溯至 7 世纪 90 年代，是阿拉伯萨珊王朝发行的，且一直持续发行至 9 世纪 60 年代。有趣的是，93 块迪拉姆碎片上的日期突然停止，最近的到 866 年到 868 年。这给了我们一个可能的时间线，说明最后与东方的直接联系不早于 866 年，也就是维京人在克西建营的六年前。

虽然这些迪拉姆和砝码让我们知道了诸多有关维京人与更广阔的世界尤其是与东方的联系，却是金属探测员罗布在福尔马克又发现的几十件东西才让我们更接近了他们的世界。实际上，罗布发现了很多这样的物件，但许多都没能保存下来，因为他当时没意识到这些物件的价值。几年前，我们在雷普顿找到了其中的四个小而难看的铅块。在克西研究了几年才发现这些是代表维京大军的真正证据，所以在福尔马克找到这些也令人非常兴奋。

铅块仅有 1 厘米多高，通常为圆锥状或平底椭圆状，有的空心，有的实心。许多在形状大小上与顶针相似，所以我们认为这些是用于玩赫飞特福（hnefatafl）或类似特福（tafl）这样的棋盘游戏的，有些像国际象棋或跳棋。我们知道这些游戏在维京时代很受欢迎。不论是从历史文献还是从在斯堪的纳维亚、新发现的维京领地以及苏格兰、爱尔兰等定居地的墓中所发现的游戏套件（通常由骨、木头或玻璃制成），都能看到这一点。我们很清楚这样的游戏是维京人生活的共同特点，也可能他们将此作为战略谋划的一部分。有人认为，精英勇士的墓中陪葬的游戏套件象征着其在军事活动中的作用（有趣的猜测，但我不确定我们真可以证实这一点）。

然而，铅制的游戏套件似乎仅在英格兰使用或制造。最重要的是，其似乎与维京大军和他们的营地以及我们已知维京时代早期劫掠或定居的英格兰部分地区有特别的关联。事实上，如果你将探测员发现的所有游戏套件位置绘成地图，分布恰好与丹麦区的划分和斯堪的纳维亚地名的分布吻合，能看到维京人在英格兰北部和东部定居的主要聚居点。

在克西发现的游戏套件表明其从根本上改变了我们对当时维京人活动的认识，将我们的注意力从找寻防御工事的徒劳工作（虽然发掘研究了一段时间，但仍未看到有意建造防御工事的迹象）转移到另一些事实证明也是更重要的方面——经济与手工艺活动。

我第一次看到克西是在那年 2 月一个非常冷的周末，那时下

3. 船钉：河上国王

了几厘米厚的雪，全国陷入了停滞：恰好类似的情境，因为几乎可以确定这个季节正是维京大军所处的时间段。而这片略有起伏较平坦的土地对厌倦战争的战士而言肯定是休憩的乐土。

现代建的河岸可以保护田地不受河水侵蚀，比如洪水毁坏，这让人能真实地感受到 1 100 年前这里的情况。这里的河相对宽阔，约 100 米宽，但河岸坡度较缓，河流蜿蜒向远处流淌，形成了清晰的曲线。河水忽以惊人速度冲向前，强劲的冬风吹得河上起了小浪峰，河流显然成了快速将许多人转送到全国各地的不错的选择。

在雷普顿与克西间走水路比走陆路要快得多。实验表明用仿制维京船可保持每小时 4 到 5 海里（约每小时 8 到 9 公里）的平均速度，且更短时间内速度可能达到每小时 9 海里。事实上，1893 年一艘仿制挪威科克斯塔德船（Gokstad）的名字令人浮想联翩的"维京"（Viking）号横渡大西洋去了芝加哥。这艘船载有 12 名船员，能抵御汹涌的波涛，其龙骨尤其适合在海上航行。船速平均每小时 10 海里，天气好的时候可以达到每小时 12 海里。现在雷普顿和克西间沿河距离约为 120 公里，意味着理论上这一旅程需要大约 12 小时或者更短时间。这必然要比在泥泞路上行走快得多。

过了河，就能看到营地出现在一个不起眼的山坡上。营地似乎没有防御围渠、防御工事或除了天然河流的其他人工保护措施。正因此，872 年到 873 年在此扎营过冬的人似乎相当自信地认为他们可以在此安全休憩，或者有了如此屏障，一旦敌人来袭，他们也不需要任何精心的防御措施。同样明显的是，谁控制了河流附近也就控制了河上的水运。难以想象如果大军在河岸两边驻扎，船会如何驶过这段河道。

现在这里很安静，就像在福尔马克一样。试着想象，如果沿河生活的你突然意识到一支维京舰队正顺流而下向你靠近，那情形会是什么样子。宏伟的弓形船身，大概船尾还精心雕刻了龙和神兽，这些让你确信来的是一支不容小觑的军队。或者，这些船更简单、更实用，为了快速高效而造，但毫无疑问也有色彩——鲜艳的红白帆。我们在船葬墓和萨迦中找到了证明这一点的证据，其中一些表明"国王"或"领主"的船是为了显示财富和权力。船上还有盾，靠在船的一侧，提醒你他们并非仅是为贸易而来的爱好和平的人。

选择克西作为冬令营地并非偶然，而是维京大军深思熟虑后的战略选择。与其他许多早期维京遗址和营地一样，克西位于重要的节点。在此特伦特河与通向林肯的罗马道路交汇，这使得河道连接起了向伦敦或由东北向约克的所有路。这就像是中世纪早期的高速公路，而特伦特河本身就像是一条水上公路，控制了这个地区就意味着你基本上控制了两条运输要道。事实上，有人认为战略性地使用冬令营作为营地，可机动使用船只与马匹，这一点令这段时期维京人的军事成功与其他族群有所不同。[5]

作为维京战争战略要素的冬令营在古英语中由 wintersetl 一词表达，如果你看到每年这个时候的遗址就会明白这个词的意义。洪水与泥泞毫无疑问会给数千人的军队前行带来挑战：在不列颠难以预测的天气条件下连续数天的行军会危及劫掠的成功。众所周知，后罗马时期使用罗马道路，如果今天开车穿过英格兰，就

3. 船钉：河上国王

很可能会穿过一条罗马道路。很容易就能直接辨别出这些路，它们一开始就建得很好，继续使用便不足为奇了。当时能在军事情境下转移人员的重要性也能从9世纪晚期阿尔弗雷德大帝的作为中看到，他不仅努力建造防御工事而且建了被称为"赫尔帕斯"（herepaths）的道路网，也就是帮助军队转移的"军队道路网"。

我眺望克西附近时，脑海里忽然有了另一个想法，那是《盎格鲁-撒克逊编年史》中的一句话。一条872年有关克西的记录说，在这里异教徒大军"与麦西亚人和平共处"，这说明双方达成了某种协议。看着这遗址如何置于此地，尤其是如何与河流连接的，对此的认识便渐渐明朗起来。或许暴力并非控制这里的必要方式，这更多是一个关乎实际的问题。我们从其他资料得知，维京人尤其擅长勒索。从后来丹麦金（Danegeld）的事例中可以看到，盎格鲁-撒克逊人就被勒索交了大量钱财作为丹麦金以免受袭击，保家园平安（"要么把你们值钱的东西给我们，这样你们全都可以活，要么死后留给我们"），还有无数仅为赎金绑架人质的书面案例。如果你无论如何都要靠河流运输货物或转移人，那你极有可能因使用河道而被征税。有些像现今的收费公路，只是不支付的话会有更可怕的后果。

有关维京大军及其相关人员的日常生活还有许多未解之谜。但是，我们对其的认识已经改变，而且我们知道这不仅仅是个与军事活动相关的营地。一支大军本身就有一大群依附者，营地的这些追随者提供一些基础服务如修理武器、修补衣物以及生产和供应工艺品。在一些重建工作中，可以看到营地布满了像营帐那样排列整齐的帐篷，就像你可能想象到的罗马营地一样。当然现实情况可能远没有如此整齐，大概更像移民营与音乐节聚会的结合：加来（Calais）丛林与格拉斯顿堡（Glastonbury）的相遇，只不过是在下着冰雨的寒冷天气里。

关于这一时期维京营为数不多的描述中的一处来自欧洲大陆，记在写于 877 年前某个时间的法国资料中。在《圣贝尼迪克特的奇迹》（*Miracles of St Benedict*）中，僧侣阿德瓦尔德（Adrevald）记述了卢瓦尔河（Loire）上老圣菲洛朗岛的营地。维京抢掠者"有序组织，将其作为船只的港口，远离所有危险的避风港，还建了像小屋营地这样的防御工事，里面关着铐着铁链的许多囚犯。他们劳作后在这里休息，这样就可以为战事做好准备了"[6]。

如果你在 9 世纪晚期走过克西的这片田地，会看到这些吗？这些营地成了小型城镇，在这里你可以通过易货得到需要的东西。

事实上，有人认为这些营地是城市雏形的一种表现，是维京人故乡斯堪的纳维亚和其他新领地向随后的城镇发展迈出的一步。在克西、雷普顿和冰岛营地发现的考古证据现在清楚地表明在营地也有手工艺品。自然不需要太丰富的想象力就能想到武器、船只和设备的修理，还有衣物的修补缝纫、鞋的修补和交换。不过，一些金属探测员在克西的发现更令人惊讶。在迪拉姆、游戏套件和碎银中，还有所铸青铜物件的证据，更像是珠宝首饰一类。我们不知道这些物品的目标买家是谁，也不知道这是为军队成员所制还是为买卖或对外交易的。虽然很难想象这些托尔之锤的半成品不是为军队成员准备的，但其中一些几乎与 G511 号脖子上戴的项链一样。这让我又想起了音乐节的类比：买家们走过一排与食品摊并排的小装饰品的摊位。

3. 船钉：河上国王

军队也需要有其他专业技能的人，比如医生。他们可以帮助战斗中的伤员，或在感染传染病、发烧和需要拔牙时提供帮助。我们不知道谁在维京大军中扮演了这些角色，假设在卫生条件较差的情况下这么多人拥挤地住在一起，这肯定很重要。后来的冰岛资料中斯诺里·斯蒂德吕松在有关11世纪挪威和丹麦的国王善良王马格努斯·奥拉夫松（Magnus Olafsson the Good）的传记中告诉我们，据说马格努斯选了12名双手特别灵巧的人为战争中受伤的士兵包扎。其他情况中，魔法和宗教也可能是必要的选择。

另一个要考虑的关键问题是食物，这是任何军事组织都关心的主要问题。我们不知道维京军队靠什么生存，最可能的是他们能得到的任何东西，或者更确切地说，是能窃来的东西。据估计，千人军队每天需要差不多2吨面粉，或等量的其他食物，以及马的饲料和新鲜的水。[7]像雷普顿这样的地方会是有意袭击的目标，因为在这些地方可以轻易获取资源和食物。修道院或皇室地产也会有可以获取的食物储备，而这些食物是从当地人那里征税〔称为"费洛姆"（feorm）或"食物租金"〕得来的。

事实上，季节劫掠的整体战略，包括秋季在这里建营，可能都与此相关。每年这个时候，差不多是收获的季节，仓库里会储满了食物，而这恰好是获取足够资源过冬的理想机会。在后罗马时代，西欧最大的王国法兰克，也是现今法国、比利时、荷兰、卢森堡和德国的前身，修道院和皇室地产专门备有仓库储备食物，除了满足自己的需求还能供应军队。查理大帝就指望当他需要的时候圣昆廷（St. Quentin）修道院能供应大军足够3个月的食物。这类信息一定是一群挨饿的维京人所乐见的。大概临河建营也是因为有机会可以捕鱼为食。

在我们因食物选择将维京人想象成完全的务实主义者前，我们应该考虑到另一处法国的记述，其可追溯到 865 年的《圣贝尔坦编年史》(Annals of St Bertin)。这是在法国西北部加洛林王朝修道院中发现的一部编年史，这一同时代的文献生动记述了法兰克人的苦难以及维京人所用的策略。在这一年，一群维京人在塞纳河畔鲁昂南边的皮尔特（Pîtres）扎营。《圣贝尔坦编年史》中记述，有一天"那些北欧人派了大约 200 个他们的人去巴黎拿酒"。不幸的是，他们没有成功，虽未受伤却只能空手而归。不清楚这是记述了一次劫掠还是一次通过暴力拿酒的冒险，抑或是一次和平的风险交易，不论哪种似乎都是合理的。

天　分

在克西及维京人经过的其他地方还有另一种定有人找寻甚至买卖但我们却知之甚少的重要商品——信息，而且可能有两个层级：高一级的战略战术和更私密的个人基础信息。最关键的是有关航行、出行和敌人行动、防御的信息。可能他们在更大的行动前就派出了侦察队，还建立了小岗哨以促进情报交流。这一非常重要的想法到现在才得到关注，这一点提供了开启维京时代诸多事件的顺序。

正如我们所见，这一时期的开始一般是以一群人出乎意料地猛烈袭击林迪斯法恩为标志，据说他们此前从未踏足不列颠领地。

3. 船钉：河上国王

但如果是这样，那些第一次来的劫掠者如何知道从哪里走，又如何知道他们会在这里找到什么？跨越北海执行劫掠任务的船需要了解一座毫无防备的修道院的位置，而且要像林迪斯法恩这样重要且拥有财富。袭击林迪斯法恩及其他类似的袭击堪比恐怖袭击，精心谋划打击可产生最大影响的目标。就像21世纪的恐怖分子要依靠广阔的信息和资源网一样，维京人也需要。

在挪威西部，对陪葬品的分析表明最早跨越北海的联系从这个地区开始，因距离相对近，所以说得通。[8]在这里来自不列颠和爱尔兰的第一批劫掠品开始在考古记录中出现：很可能从用于包装、改装配件和宝石的珍宝上撕下的雕刻精美的镀金书皮碎片，除去圣迹放在异教徒墓中的圣殿遗物。有人认为是在苏格兰北部岛屿斯堪的纳维亚人才第一次听说，不尊重神圣宗教的异教徒可以轻易地在毫无防卫的修道院获得财富。

事实上，我们现在了解的越来越多的信息表明在英格兰的首次袭击并非像我们以为的那么毫无预示。以往观点的最大问题在于暗含斯堪的纳维亚人与不列颠和爱尔兰的居民彼此是陌生人的前提，但事实并非如此。比如，在阿尔昆写给诺森布里亚国王埃塞尔雷德的信中清晰而详细地描述了林迪斯法恩发生的袭击。信中阿尔昆不仅用较长篇幅抨击外族入侵者，也抨击了自己的同乡（包括埃塞尔雷德）所犯的罪行及"不寻常行为"。其中包括以下告诫："想想王公贵族与人们的服饰、发型和奢侈的习惯。看看你们修剪的胡子和头发，就想和那些异教徒的一样。你们追逐他们的时尚，你们难道不怕他们？"阿尔昆说得很清楚。生活在8世纪时的英格兰人穿得像异教徒，还追逐令他们遭受恐怖袭击的那些邪恶异教徒的时尚趋势。如果此前几乎没有跨越北海的联系，怎会如此？从当时情况来看，值得关注的是阿尔昆写作时期正值英格兰大部分（而非全部）地区皈依基督教之时，这意味着他的隐秘动机是将维京袭击当作神惩的象征。

其他文献资料表明这次袭击并非第一次。从《盎格鲁-撒克逊编年史》中我们已知，第一次在英格兰有确切文字记录的劫掠发生在此 6 年前，787 年在多赛特（Dorset）海岸的波特兰（Portland）。显然一支从挪威西南部霍达兰（Hordaland）来的劫掠队在皇家住所附近海风吹拂的海滩残忍屠杀了前来迎接他们的威塞克斯国王的代表。然而，更多晦涩难懂的文件比如政府授权文件和特许状，记录了从产权者到统治者、教会和其他富裕家庭的需求、条件与协议的所有信息，揭示了 8 世纪晚期英格兰东部用来保护公民抵御维京人的措施。在肯特，有篇文章记述了 792 年国王奥法授予肯特郡教堂和修道院特权，免除了多种税款和服务，但明确说明这其中不包括免除"抵御带迁移舰队的海上异教徒"的兵役，而这兵役中包括建造桥梁和防御工事。如果海上的威胁并非已经存在的常见问题，那这些行为肯定是没必要的。

但这些资料也能表明并非所有从海上来的人都是敌人，比如波特兰袭击。国王的代表是一个名叫博迪赫德（Beauheard）的地方行政官。他骑马前去迎接那三艘船的目的是迫使他们"按当局方式"向皇家城镇汇报，本以为他们是商人而非海盗。也就是说，这些船从外观上看不出可能是维京船，所以他认为他不需要武装或军事力量的援助。之后 822 年由国王西奥伍尔夫（Ceolwulf）颁布的处理肯特产权的特许状实际上有趣地暗示了一些异

3. 船钉：河上国王

教徒可能不是敌人。文件特别提到了抵御"异教徒敌人"的兵役，在这里加上"异教徒敌人"一词可以表明并非所有异教徒都是敌人，或者一些敌人并非异教徒。[9]

如此，第一次文献记载劫掠发生时，似乎较容易得到在西部岛屿上能找到什么的信息。但如何去呢？可能维京人用了某种天文航海方式，通过观察星星和星座，以此标记方向和北极点。但没有书面记载留存下来，甚至连在萨迦文学中对这种技术的准确使用也保持了沉默。

代替了地图的信息传递很可能至关重要，这样可以知道要向地上的哪个标记前行。这一点我们确有相关记述，例如在12世纪冰岛的《征地补偿》（*Landnáma*）一书中记述了冰岛第一批定居者名录或通讯簿的某个东西。文字中还包含了从挪威西海岸的某地驶往格陵兰岛的航向："从挪威舍恩内尔（Hernar）可以继续向西航行到格陵兰岛的纳瓦尔福（Hvarf）。这一水道目前可向北到设得兰岛，天气很好时可以看到水道。目前法罗群岛（Faroe Islands）南部海水涨到了半山坡，而在冰岛南部可以看到鸟和鲸鱼。"[10]

同样，一位挪威海员霍洛加兰（Hålogaland）的奥特尔（Ohthere）在约890年拜访国王阿尔弗雷德的宫廷时，记述了自己的家乡和沿途的旅程。他逐步描述了大多数旅程，主要是沿海岸航行了多少天，或朝着不同的方向，利用河岸和其他地标帮助导航。长期以来，人们一直在讨论维京人是否也使用了特别的导航工具，但没有一个令人满意的结论。一个可能的选项是在格陵兰岛的乌纳托克（Unartoq）定居点发现的半个木雕圆盘。上面雕刻的区域划分，有人提出并非一些人所认为的日晷的构成，而是某种在海上确定方向的方法。类似地，在波罗的海沿岸南部的贸易城镇沃林（Wolin），最近发现了一件被认为其是太阳罗盘的物件。更普遍的观点认为其是用所谓的日长石即传说中的水晶，因为在云层叠布、雾气甚浓的情况下它可以让人看到天空中太阳的位置。最近计算机模拟情况表明在恶劣条件下用这类水晶确认位置可以在很大程度上提升抵达目的地的概率。[11] 即便没有证据证明使用了这个方法，理论上而言是有用的。

虽然更实际而言，真正需要的是广泛而全面地了解自然元素的知识。在 13 世纪挪威的记载中，一位父亲对儿子提出了以下成为成功水手的建议："你必须观察天体的移动，仔细研究天空是如何被照亮的，如何区分黑夜与白天，如何划分每天的不同时段。你也必须学习如何监控海浪翻涌并且认识到落潮涨潮的重要性，因为这对航海人而言是基础知识。"[12] 由此可见，这些都是抵达雷普顿的那些人需要考虑的。

回到红玉髓珠的踪迹上，我推测其经过了克西，又顺着河流向北将我们带到了亨伯河（Humber）。在这里，就到了另一个交汇处，三条河流格外特别的交汇点。特伦特河向南，乌斯河（Ouse）向北，一条直通约克的大动脉，还有亨伯河将带你到海岸并去向北海。从亨伯河的河口到丹麦海岸直线距离约为 550 公里，大约是从伦敦开车到苏格兰边界那么远。紧挨着苏格兰北部的海岸线在海上航行，先在奥克尼群岛停靠，接着在设得兰岛，有可能可以缩短时间。由此到挪威的距离仅有 300 公里。不论选择哪条航路，维京船完全有能力穿过这些交汇处，且原则上全速航行

3. 船钉：河上国王

的话不到 1 周就能完成航程。

但是，我们无法立刻弄清楚这些物品比如珠子、铸币和丝绸等其他日用品是如何从东方抵达英格兰的。如果我们推测他们主要是经水路航行，那就有两条可能的路线。一是经过地中海。我们从历史记录可知沿法兰西西海岸，在西班牙和伊比利亚半岛（Iberian Peninsula）有多次维京劫掠，且他们经直布罗陀（Gibraltar）海峡抵达了地中海西部，袭击劫掠了北非沿岸的摩洛哥（Morocco）。从这里他们也可以航行穿到地中海东部获取物品，甚至深入内陆。但我们没有直接证据证实这一联系。比如，我们可以期待看到在西班牙伊斯兰地区铸造的迪拉姆。目前在英格兰还没有任何发现。同样吸引关注的是，实际上在英格兰几乎没有已知从伊比利亚半岛或地中海西部来的物件。二是这些物件包括我的珠子，更可能是经斯堪的纳维亚到达这里的。

第二部分 家园

4
佛陀：异国魅力

斯德哥尔摩博物馆 2017年

　　他平静安详地坐在暗暗的壁龛里,透过玻璃向外看,强光反射照亮了他光滑而泛着绿光的身体。他双唇抿着,露出温柔的微笑,双腿交叉相叠,一条腿在上。他在那里散发着仁慈耐心的光芒,即便在这样一个小博物馆里,周围还有一群身上夹克带着浸了雨的潮气的吵闹小学生。这尊像会让你停下脚步,因为它的出现令你出乎意料。有一瞬间,你会疑惑是不是放错了地方,或者他出现在维京展览馆是不是某人增添惊喜和对比的现代展览策略。他在这里是有异国特色的,代表着另一个世界。他的一切都与众不同,从发型到服饰。身下的莲叶让你在脑海中想象到一种度假时熟悉的文化和气候,以及最近制作花园景观时买来的类似雕像。

4. 佛陀：异国魅力

进口物件

1956 年，在离斯德哥尔摩不远的一座湖中小岛上发现了稀奇而令人意想不到的物件。黑尔戈岛（Helgö）曾是个熙熙攘攘的商人定居地，主要做手工艺品生意。黑尔戈岛的名字意为"圣岛"（Holy Island），证明了被遗忘已久的以前宗教的一些重要性。挖出这尊中世纪早期的小青铜佛像时，挖掘者以为一定是放错了，可能是最近某个时候遗落的纪念品。结果表明，其确是历史文物，且可能是在维京时代之前的某个时候被埋在了这里。如今这尊佛像非常有名，2015 年瑞典邮政将其印在了一种邮票最重要的位置。在文化多元的 21 世纪，这恰巧证明了早在一千多年前，瑞典的维京人——这些终极探索者——就已经生活在一个有着广泛交通网的全球化世界中。

今天，黑尔戈的佛像令人感到好奇，在维京时代应该也是如此。维京人不太可能了解佛教，也没有文献证据能表明佛教是在数百年后传到欧洲西北部的。发现这尊佛像时，在其颈部和左臂上有窄皮带包裹的痕迹，这表明其曾被携带过，挂在某人脖子上或悬挂在腰带上。

这尊佛像实际上是在此遗址中发现的三件极具异国特色的物品中的一件。另外两件是来自地中海东部（可能是埃及科普特）的青铜长勺和爱尔兰或不列颠权杖碎片。权杖碎片上装饰着一只爬行动物和一个人头，是约拿（Jonah）与鲸的化身，象征着复活。长勺最初也是宗教用品，是用于洗礼仪式的器具。不论这些物品彼此间是否有联系或相关宗教因素是否重要，都可与红玉髓珠和迪拉姆归于同一类型，都是长距离旅途带来的异国物件。要了解为何红玉髓珠会在雷普顿出现，我们需要知道这些物件是如何进入维京世界的。

9世纪上半叶，在斯堪的纳维亚开始有少量的红玉髓珠出现，接着，像忽然爆发一样，无处不在。这特定材质的类似珠子在世界其他地方已用了数千年，自然不是维京时代独有的。然而，就是在这一时期由于需求量上升且有了新的供应方式，其在斯堪的纳维亚的流行趋势迅速上升。珠子随着维京人沿同一路线迁移。因此，这样的珠子是了解贸易、交通网和人口迁移的非常有效的依据，主要因为能看到其如何反映了快速变化的风尚。

为了解更多，我开始在博物馆名录中寻找其他的红玉髓珠，也在斯堪的纳维亚各地的墓中找到了许多。在一项研究中，一名

4. 佛陀：异国魅力

学生在挪威266座墓中搜寻这些珠子最后到了谁的手中的规律。[1]有趣的是，她注意到红玉髓珠只出现在女性墓中，通常作为项链，即便通常男性也会佩戴珠子（雷普顿的勇士就是最好的例证）。不过，对男性而言，珠子不必采用像红玉髓珠这样的进口奢华材料。她还发现在许多墓中，男性是在髋部而不是在颈部佩戴珠子，这可能说明他们是将珠子装在手提袋或包里，有时除了珠子还会看到铸币等其他东西。那么这表明这些珠子可能不只是用作珠宝，而更多是用作日用品或交易对象。

为了更好地了解这些珠子历经了什么，我查看了对维京珠子感兴趣的人所用的终极指南。20世纪70年代，瑞典考古学家约翰·卡尔默（Johan Callmer）尽力收集、研究和分类了近1.5万颗在瑞典墓中发现的维京时代的珠子。他将所有珠子按照颜色和形状分成了不同类型，并按时间顺序进行了排列。这样他就可以展现出趋势是如何随时间变化的。查看与雷普顿珠子吻合的时间线，我可以看到一个明显趋势。研究了879颗珠子后，卡尔默发现第一批珠子是在820年至845年这段时间抵达斯堪的纳维亚的，数量很少，仅发现了15颗。数十年后，数量有了明显增长，共有450颗可追溯到860年至885年。实际上，这差不多是维京时代发现的所有红玉髓珠的四分之一。珠子的分布是变化不定的，但这正是我想要找出规律的。这较短的25年时间恰与873年雷普顿陪葬珠的时间吻合，更重要的是这一点完全支持了珠子是经斯堪的纳维亚抵达英格兰的观点。

那是谁将这些珠子带到了斯堪的纳维亚，他们又来自哪里？卡尔默分类的所有珠子都是在墓中发现的，但近些年在贸易城镇也发现了越来越多的珠子。比如，2012 年在挪威用新技术地质雷达（GPR）研究发现了一个全新遗址。[2] 这样的方法要用设备发送雷达波到地面，如有变化就会反馈到计算机上，可能是任何变化，从土壤类型的简单改变到埋进土里的墙甚至是维京葬船。这是一种不用挖洞就能让我们看到土壤里情况的方法。

在这个发现中，雷达在海姆达尔尤尔德（Heimdalsjordet）探测到了一个新的定居地或集市，邻近迄今发现的最著名的维京船出土地点科克斯塔德墓。研究发现了一条街，建筑沿街排列，随后的金属探测研究在耕土里发掘出了大量文物。其中包括手工制作的残余，以及更重要的是，还有像在英格兰营地发现的那些贸易用的砝码和大量的迪拉姆。奇怪的是，欧洲铸币非常少，几乎所有发现的铸币都与东方有关。不仅如此，这片区域还散落着一些红玉髓珠和水晶珠。所有这些迹象表明这里似乎是可以交易和交换异国商品（可能也交易奴隶）的沿海贸易遗址，霍斯屈德尔就是在这样的地方购买了梅尔科尔卡。

贸易城镇

890 年，商人奥特尔拜访阿尔弗雷德大帝时讲述了自己去一个名叫"斯奇林格斯希尔"（Sciringes healh）的地方的旅程。现在已经清楚地知道这个地方是位于大维肯湾（Viken，即奥斯陆峡湾）西侧的挪威韦斯特福德（Vestfold）的考庞（Kaupang）。甚至有人认为维肯是"维京"一词的起源，虽然这样的解释看起

4. 佛陀：异国魅力

来有些问题。考庞的字面意思是"贸易湾"。在维京时代，考庞很可能和你走进的现今挪威的城镇一样。选址也不是巧合。峡湾西侧形成了沿海的主要航线，而且考庞以东几公里就是主要内陆要道洛根河（Lågen）的河口。这一沿海区域是整个挪威最富饶的地区之一。深入内陆，你可以看到主要出口贸易品如滑石、磨石所用矿石和铁的主要产地。

考庞约建于 800 年，建成时属位于北方人领地边界地区的丹麦王国，后来成了挪威。有大量证据表明这里有过手工艺活动，比如锻造和生产玻璃珠，且分成了独立区域，这其中有用了数年的永久建筑。手工艺工作进行了专业细化，一个独立区域发现的大量证据表明在这里使用了铅或贵金属来制作珠宝及其基座。该区域外的其他区域是临时区域，办集市时可能会在这里搭帐篷为临时季节性贸易商提供交易场所。在考庞也发现了迪拉姆和红玉髓珠，尽管数量较少。

现在真正有趣的是，差不多与考庞同时代的海姆达尔尤尔德有更多与东方有联系的物件，比如像红玉髓珠和水晶的进口珠子，占发现总量的 24%，而考庞的仅占 2%。这是否意味着在这里扎营的是不同的人，而这些人与东方交通网有更直接的联系？

比较而言，对这类遗址的认识相对较新：在瑞典比尔卡和丹麦、德国边界的海泽比等维京城镇的挖掘基本从 20 世纪 70 年代就开始了，也是从那时开始才有了有关斯堪的纳维亚城市发展的全新信息。以前，考古学家主要集中关注有较多钱财宝物的墓地、劫掠和战争所在地，但从 20 世纪后半叶开始更热衷强调维京人不那么暴力的一面，更具体而言就是他们参与的贸易。由此，我们得到了有关这些异国物品如何融入其中的重要信息。但为了更充分地理解这点，我们需要了解已知的维京人生活的世界。

在斯堪的纳维亚，我们说的维京时代是所谓的公元前500年开始的铁器时代的最后阶段。斯堪的纳维亚从未成为罗马帝国的一部分，也因此古典作家如史学家盖乌斯·尤利乌斯·恺撒（Gaius Julius Caesar）将斯堪的纳维亚人（还有莱茵河以北的其他欧洲人）描述成文化经济落后的"蛮人"。在他看来，问题是这些人缺少中央集权制度，还有随着城市发展而来的官僚机制和财富，以及自1000年在欧洲中西部逐渐形成的优越的社会秩序。

北方的生活现实并非像恺撒所说的那样不堪。即使与罗马帝国的直接联系相对有限，但信息会慢慢传递，许多帝国边界地区所用的新技术也经长距离交换和交通网传到了斯堪的纳维亚。有证据表明罗马世界影响了斯堪的纳维亚人的农业和生产技术、社会组织，甚至军事战术。这些都推动了之后的发展。

然而，直到维京时代在斯堪的纳维亚才第一次适时出现了城市。在那之前，这一地区几乎完全都是乡村定居点，虽然当时在欧洲其他地方城市社区已较为常见。甚至到了1000年左右，也只是有一少部分真正意义上的城镇。直到第二次更广泛的城镇化浪潮来临，从那之后斯堪的纳维亚才建了许多新城镇比如锡格蒂纳（瑞典）、罗斯基勒（丹麦）和奥斯陆（挪威）。但在8世纪，斯堪的纳维亚人已经很熟悉距离欧洲大陆不远的那些大城镇群了。虽然只是少部分人在城镇生活，但定居模式的变化不仅对商贸有很大影响，也因此影响了经济发展。这些城镇也在社会整体上从部落社群转变成维京时代末期出现的挪威、瑞典和丹麦三个王国的过程中起了重要作用。

这很重要，因为社会政治结构不仅会影响城镇的发展，也会影响贸易情况及与其他地区的联系。维京时代早期特点是政治不稳定，后来的几年权力变得更加制度化，更依赖建立的法律体系。早些时候，当地统治者的成功主要以吸引和维护盟友的能力来衡量。这已成为领主维持长期地方统治的重要部分。萨迦文学中都是说明这点如何重要以及风雨人生是何样的事例，阴谋诡计和戏剧情节揭示了大范围权力游戏之下的暗流涌动。获得充足资源是关键，不仅直接因为能养家，也因为要用举办盛宴和供应啤酒等基础生活品让手下开心。

事实上，啤酒是成功举办盛宴的关键，而盛宴是重要的社会和宗教活动，对建立和巩固权威有帮助。如果庄家歉收，就可能会处于危险中，比如挪威北部首领之子阿斯比约恩的故事。有一年他的大麦收成不好，从朋友那里买来谷物举办一年一度的异教冬季盛宴，不然他就无法酿造足够的啤酒，而没有酒的维京盛宴便不能称为盛宴了。但阿斯比约恩倒霉透了。国王拦截了他高价购买的谷物，还没收了大麦。看到他的困境，一位对手领主邀请没有足够啤酒的阿斯比约恩去参加自己的盛宴，但阿斯比约恩不得不拒绝。如果他接受了另一盛宴的邀请而没有举办自己的盛宴，就相当于承认他没有担任独立领袖的资本。

这里的症结和故事寓意是，在维京时代的斯堪的纳维亚陆地上资源对成功至关重要，却也非常有限。看看斯堪的纳维亚地图，很快就会明白为什么：内陆多山，峡湾山谷非常狭窄。挪威的地理条件不适合大规模农业生产，而丹麦虽较平坦适合劳作，但相比之下规模极小。那些成功的人一直不断找方法向他们周围的人证明这一点，就像在罗弗敦群岛（Lofoten Islands）的博格（Borg）看到的那个富裕领主的农场。那里有 81 米的长厅，是已知的维京时代斯堪的纳维亚最大的建筑。这里的可得资源与在英格兰等地的可得资源之间的差异很明显。奥特尔向阿尔弗雷德描述自己的财富时，阿尔弗雷德震惊地发现奥特尔的土地如此之少，所拥有的家畜也那么少（仅 20 头牛、羊和猪，还有按他奇怪的习惯收养的野驯鹿）。同时奥特尔还说他自己是富裕的人。然而，正是由于陆地资源非常有限，财富的其他来源不仅有劫掠贸易，还有控制出口和征税，以及控制内陆运输路线尤其是沿河路线。

重要的是要认识到城市化的日益深入源自向西和向东的贸易，还有重要的水上交通网。在维京时代之前以及早期阶段，被称为"商贸中心"（emporia）的原始贸易城镇已发展起来，这些地方通常近水，临河或临海。波罗的海周围有一连串这样的地方，尤其在现在德国和丹麦的北海岸，比如海泽比和里伯（Ribe），以及现今波兰的沿岸。物品就是在这些地方进行交易，手工艺活动也是在这里兴起，不是为了供应已定居在这里的人，而是为了吸引那些到此想要抓住新机遇的人。

商贸中心是巨大网络的一部分，是已知的战略停靠点，比如位于河流入海口或因旅程条件艰苦你想要停靠的某个地方。近德国和丹麦边界的海泽比就位于通向卡特加特海峡的入口，东边是波罗的海，在陆地最窄的地方，横跨 8 公里就会将你带到能直通北海的河流。在这些地方，可以卖货品或者购买前行途中所需的供给品，停靠下来修缮船只甚至可以招募新的船员。我们看到的

4. 佛陀：异国魅力

9世纪的英格兰维京营一定很像这样的地方，不过规模小一些。

早期商贸中心不仅出现在斯堪的纳维亚，还出现在欧洲西北部海岸，包括法国北部、荷兰以及英格兰伦敦、伊普斯威奇（Ipswich）和约克等地。商贸中心早在7世纪就开始出现了，也在波罗的海周围其他地方兴起了一些。可能经由这些商贸中心，异国商品开始流入斯堪的纳维亚，而这些商品的共同点是都与海运相关。毕竟，地理因素对此地区有较大影响，因为自然既是屏障也是纽带。也可能经商贸中心偶然获得了这些地点的相关情况，为劫掠铺了路。第一次有记录的维京劫掠在波特兰，从这里仅需沿岸航行较短距离便可到贸易城镇哈姆维克（Hamwic），也就是现在的南安普顿（Southampton）。这或许解释了为什么地方行政官博迪赫德看到斯堪的纳维亚船后没有惊慌害怕，以及为什么阿尔昆厌倦了异教徒对撒克逊人的负面影响。

想要弄清楚异国物件以及为什么它们会出现在这样的地方，最重要的是要先了解一个地方。在离发现佛像的黑尔戈不远的地方，曾有座繁忙的贸易城镇比尔卡，这是维京时代瑞典最重要的城镇，位于现斯德哥尔摩以西30公里的淡水湖梅拉伦湖的小岛上，从波罗的海乘船就能到。比尔卡在8世纪的某个时候出现，大约在750年或更早，一直作为连接内陆乌普萨拉等地与跨越波罗的海广泛贸易网的重地。可能是从较小的季节性贸易点发展而来，或是由某个国王发现后想要控制并扩大贸易。城址布莱克厄斯（Black Earth）虽仅有5到6公顷，四周却围着复杂的防御设施，有壁垒、水下栅栏和堡垒，这些清晰地表明这里是值得防御的地方。值得注意的是从一开始比尔卡就加强了防御，显然，这也是其存在不可缺少的部分。这里由当地的政权控制，甚至到后来也是如此。

随着时间的变化，按维京人的标准比尔卡成了人口相当密集的城镇。墓地面积很大，令人震惊的是有 2 000 座墓，还有大量没标记的坟。在城镇 200 年的时间里可能总计有 5 000 座之多。许多墓中陪葬了丰富的各地物品，这表明这里有富人。有些是精心布置的：逝者的地下房间是他们最后的安息地，里面精心安放了后世所需物品。比尔卡似乎主要是贸易和手工艺品生产地，常被描述成早期综合城市社群。在这里的定居点挖掘出了专业手工艺作坊和家庭活动的证据，不过似乎在湖那边还有一片更大的腹地支持，有大量机会可以农耕、采集原料和捕食野味，尤其是捕获那些皮毛可用于加工和出口的动物。比尔卡与波罗的海周围地区的联系广泛。8 世纪晚期，其早期阶段的贸易对象似乎主要是西南地区，与丹麦远至莱茵兰（Rhineland）等地进行贸易。

约 9 世纪末，比尔卡有了巨大变化，显然与东方建立了联系。丝绸和银出现了，而且比尔卡也是最早使用东方称重标准的一个地方，最近一次使用发现是在 9 世纪 60 年代。[3] 就像英格兰的银来源研究，也可以研究在比尔卡发现的铅的同位素变化。结果令人惊讶，大多比尔卡铅砝码中的金属经证明来自英格兰，准确地说是德比郡。[4] 换言之，可能这些是由雷普顿附近某地锻造的金属制成的。当然，我们不知道这些物件是不是在英格兰制造的或者用回收到斯堪的纳维亚的铅生产的。

事实说明，砝码并非由在斯堪的纳维亚发现的德比郡铅制的唯一物件：在挪威科克斯塔德葬船上 895 年到 903 年的一套马具的锡制底座也发现了同样的金属。[5]这是可以证明这种金属从西方被带回斯堪的纳维亚的真实证据,维京大军尤其是麦西亚和雷普顿的征服也非常可能在这一过程中起了作用。似乎雷普顿的修道院即便没有掌控权,也至少对附近威克斯沃斯(Wirksworth)的铅矿有影响力,大概这也是维京大军一直想要掌控修道院的部分目的所在。既然我们有了有关在英格兰维京营如何使用这些砝码的许多新信息,我们应该重新考虑这些是不是事实上是在英格兰而不是在斯堪的纳维亚生产的。

东方联系

比尔卡的一系列物件都与东方有着不可否认的联系,而且其中一件尤其引人注目。在9世纪,瑞典考古学家哈雅尔马·施托尔珀(Hjalmar Stolpe)挖掘了大量装饰华丽的城镇墓。多年来,许多人试图解释比尔卡的陪葬品和墓葬类型能否告诉我们这些是当地人还是移民,但一直徒劳无获。

其中一处墓的墓主是躺在长方形木棺中的女性。根据陪葬服饰和珠宝,这处墓可追溯至约850年。除了胸针,她还有一排珠子,包括玻璃珠、水晶珠和红玉髓珠,而她的服饰残余表明她的穿着是典型的斯堪的纳维亚风格。值得注意的是,她的胸前还放着一枚指环,由白色金属制成,镶着一颗紫色石头。这是在比尔卡发现的四枚典型阿拉伯风格指环中的一枚。这枚指环毫无疑问与东方有联系,因为上面用阿拉伯文刻着"为安拉"。像这样刻有阿拉伯文的指环在欧洲很少见，这是在斯堪的纳维亚发现的唯一一枚。

这枚指环也是交易商品吗？目前是这么推测的，但最近对这种金属的科学分析表明并非如此。[6]由照片制作的3D模型与扫描电子显微镜图像一起提供了非常近的视图，精确的元素分析详细表明了这些由什么材料制成：质量非常高的银，而且重要的是磨损非常少。内侧还保留了锉削痕迹，即用来铸戒指的原始模具的痕迹，匠人的痕迹也没有因使用而消失。这不寻常，大多数墓中发现的物件比如青铜珠宝都有磨损的痕迹。指环上的刻文棱角分明，早期的库法风格表明其显然与伊斯兰世界有关。有新证据表明指环来自银匠处，可能是在阿拉伯帝国的某个地方，中间几乎没流转几次就到了女性墓主的墓中。这是否意味着她或家里的一位家庭成员迁徙时将指环带到了这里？

情况的转折是其他人认为刻文并不是阿拉伯文。[7]这是因为据称其不完全与库法文字一致，甚至可以说刻文本身没有意义。但也可能是被称为"伪库法"的文字，模仿阿拉伯文，很像8世纪奥法印在金币背面的刻文。这更有可能说明该物件是在伊斯兰世界之外的地方制作的。但在很多方面，刻文是不是真的库法文字，并不太重要。像这样的物件在维京社会中有特别的意义，但这些意义可能与其最初用途没有什么关联。佩戴者可能无法读懂刻文。但指环是异国特色的重要标志，表明所有者与外面世界的联系，以及出行和进口物品的能力。这样，就成了一种在家乡稳固甚至提升社会地位的方式。类似情况可在海姆达尔尤尔德发现的模仿伊斯兰风格设计的贸易砝码上看到，不仅让人联想到异国特色，

4. 佛陀：异国魅力

还让人想到东方高质量的银。

我们不太能理解像珠子、指环和吊坠这样的小物件能告诉我们更广阔的趋势或文化现象的力量。长期以来，珠子主要被看作装饰。对这些物件进行分类、描述和编录，我们就可以知道贸易及物品进口情况，或许能找到一些时间年代的线索。现在，我们能更好地理解这些物件如何能更好地告诉我们文化习俗与社会联系，比如礼物赠送、符号象征和社会阶层。相比佩戴当地生产的便宜珠子，佩戴从遥远异国地区进口的多面红玉髓珠意味着什么？

我们不知从何时开始异国特色在斯堪的纳维亚变得如此流行。是需求刺激了供应还是在维京时代突然增多的东方物品直接刺激了需求？对物品本身的渴望或许仅因为其艺术价值，又或许因为其象征了其他什么，比如与国外地区的联系。如果是这种情况，那铸币本身的价值或银值便不重要了。许多迪拉姆做成了项链，有穿孔或带小环，斯堪的纳维亚初期城镇甚至农场的女性会将其用作饰品佩戴在脖子上。这些都是奢侈品，奢华罕见，有记述称其"奢侈却非生活必要，人人想要却难求"[8]。这些物件不仅代表财富还代表联系。不论是金钱价值还是象征价值，都被所用的人和看到的人认可，可能就像我们今天辨识奢侈品牌和地位象征一样。

迪拉姆制成项链后，其原本的货币价值会翻一倍。第一次以票面本值交易离开阿拉伯地区，第二次制成可佩戴的艺术品售卖价格翻倍。像这样的项链在斯堪的纳维亚很常见，通常在墓中发现。但现今在英格兰也发现了一些，其中包括在现今阿富汗发现的一枚905年至906年铸造的铸币，之后两面镀了金，额外加了别针做成胸针，此前是作为贵重项链的一部分。[9]这些迪拉姆做成的珠宝在女性墓中颇为常见。

维京时代以前，几乎只在有较高社会地位的上层人群的墓中发现异国进口物品。比如，瑞典考古学家约翰·朗菲斯特（John Ljungkvist）研究瑞典紫水晶珠时发现，像这样的物件显然是较高社会阶层所用的装饰。虽然并不意外人们会想到这些物品有多贵多难得，但重要的是在维京时代发生了变化，像异国珠子这样的物品变得更加常见。显然，这些财富和奢华的显露是那些有社会野心的人难以抵抗的。在这一时期晚些时候，对许多人而言，这些也象征着经验与新变化。如将这些奢侈品用作盔甲、武器或马具的部件，便更彰显了其政治作用，不仅代表着佩戴者的政治权力，还彰显了用以威慑对手的财力。

值得注意的是，除了所有的外国铸币，最常见的奢侈品品类似乎是珠子和服装配饰。丝绸、饰品、丝带、金线等装饰都是很多人日常生活中非常常见的品类。这便更表明了其可能是作为象征较高社会地位的贸易商品出现的，但也有人认为这些商品代表来这里的人主要是贸易商，因为他们用这些表明自己与其他习俗或遥远地方的联系。可以肯定的是，外国贸易商在斯堪的纳维亚出现过，可能人数也较多。那些首次出现在早期商贸中心的流动贸易商应该也在比尔卡这样的城镇有自己的家。

比如，在《拉克斯代拉萨迦》中将爱尔兰公主梅尔科尔卡卖给霍斯屈德尔的贸易商吉利。我们也知道犹太籍阿拉伯商人或旅者易卜拉欣·伊本·雅各布·塔尔图西（Ibrahim ibn Ya'qub al-Tartushi）950年去过海泽比。他将海泽比描述成"世界海洋尽头

4. 佛陀：异国魅力

的大城镇"，说到当地居民的可怕习俗："他们常将新生儿扔进大海而不养活"，还说到他们的外貌："他们会化妆眼睛，画上后美丽不褪色，男性女性中都有越来越多的人这样做"，最后还提到他们的信仰："他们敬奉史里乌（Sirius），只有少部分人是基督徒，而在那里也有座教堂"。

像早期商贸中心、城镇和贸易场所这些地方不仅是各地人的大熔炉，也是宗教的大熔炉。住在比尔卡这些地方的人或许一定程度上见过东方宗教比如伊斯兰教。事实上，一些人甚至认为伊斯兰教不仅为人所知，而且是人们主动追随信仰的，尽管规模很小。20 年前，已经有人提出在比尔卡生活和做生意的穆斯林可能需要一位"毛拉（Mullah）来带领祈祷者，并为他们在国王面前说话"[10]。伊斯兰教传教者是否也来到了斯堪的纳维亚？在世界其他地方，穆斯林贸易商和其他官员也是哈里发帝国不断扩张边界、传播伊斯兰教的重要中介。带有宗教刻文的迪拉姆提醒持有者神的伟大，也被认为是次要的传教物件，至少在那些可以读懂并理解其含义的地区如此。但以此证明维京人在很大程度上以某种方式尊重甚至理解这一信仰是非常不正确的，尽管令人好奇的一种特殊涂鸦或许表明这是对的。在北欧发现的阿拉伯铸币有时上面刻有涂鸦，从难以辨别的简单符号到如尼刻文、武器船只图画和各种魔法符号。一项对在瑞典发现的 1.5 万多枚阿拉伯铸币的研究表明，其中少部分刻有托尔之锤，有些甚至刻的可能是基督教十字架。在考庞的一枚铸币上也发现了类似托尔之锤的涂鸦。有趣的可能是，这或许实际是旨在中和铸币原始宗教信息的一种表现。不论如何，很明显在维京时代宗教是有争议的话题，不仅仅因为这是一个最终让整个斯堪的纳维亚信奉基督教的重要转变时期。我们只需要找到一份西方书面资料来证明这点：《盎格鲁-撒克逊编年史》非常清楚地表明，入侵者的异教信仰有多令人讨厌，以及早期中世纪的英格兰领袖确实有很多理由担忧不够坚定的基督教信仰。

在西方，改变信仰是维京人与撒克逊人相互影响的一种特有的政治工具。比如，一位维京大军的领袖古特仑（Guthrum）离开雷普顿后于 878 年与国王阿尔弗雷德在韦德莫尔（Wedmore）达成休战协议。作为协议的一部分，古特仑同意转为信奉基督教，并接受国王的洗礼。但他是否真的按那天誓言所说坚守了基督教的信仰，我们不得而知。就在约 10 年前，维京大军可能专门针对过这些撒克逊对手的信仰，如果我们相信这些传说所述：根据萨迦所言，9 世纪 50、60 年代东盎格利亚的统治者国王埃德蒙（Edmund）因拒绝谴责基督教于 869 年 11 月 20 日被杀。杀他的是"无骨者"伊瓦尔的人，这些人将他绑在树上，数箭射杀后砍了头，将头扔到了树林里。这是一个吸引人的故事，但也很可能是中世纪夸大宣传的事例。

我们的确知道基督教传教士去斯堪的纳维亚试图尽力改变这些北方异教徒的信仰。在同时代诸多文献中第一次有详细记述的是汉堡及不来梅的第一任大主教安斯卡尔（Ansgar），他曾在 9 世纪去过比尔卡两次。第一次，他成功让一位皇室管家转变信仰信奉了基督教，还建了座教堂。显然，当地人没有很深的印象，很快又恢复了异教信仰。这让他不得不在数十年后返回并再一次尝试。虽然这个故事不一定完全真实，但很可能这种转变信仰的尝

4. 佛陀：异国魅力

试相当普遍。然而，在遥远的过去找到宗教信仰的依据较困难，尤其是在没有文献的情况下。

丧葬仪式或许可以提供些过去宗教信仰的线索，但这些通常会被误解或过度解读。传统观点认为，没有陪葬品的墓葬是基督徒的，而那些异教徒的墓葬有陪葬品。但真实情况要复杂微妙得多。

虽然斯堪的纳维亚基督化是在快到维京时代末期时，但这一过程在整个斯堪的纳维亚以不同方式和不同速度进行着。虽不是首要事件，却也在缓慢进行着。比如，虽然在丹麦蓝牙王哈拉尔被公认是促成国家最后全面基督化的人，但仅凭单一事件是无法实现的。在挪威，人们认为基督教主要来自西方，通过与英格兰和爱尔兰的联系实现，而在丹麦和瑞典是通过与德国的联系实现。

大多数人认为不同宗教可能会在某一时期同时存在。有时我们能找到或许表明这点的宗教象征，比如，同时有基督教十字架和托尔之锤的墓。可能因为墓主同时信仰两个宗教，又可能因为这些物件对其而言没有什么宗教意义。关于佛像和安拉指环这类可能带有或没有宗教意义的小物件的出现，最实际或许也是最可能的解释就是这些是贸易交换的异国物件。虽然如此，重要的是明白这些宗教理念可能也容易随着这些物件传播。

如果我们要了解这些异国物件及其承载的信息如何来回传递，需要考虑的关键因素是人：他们是谁，他们迁移了多远。在维京时代，通常认为从外而来的物件几乎全都来自回到家乡的劫掠者或贸易商，这与历史上许多其他时期物品通常由移民带来的情况形成了对比。研究11世纪中期英格兰人分布的考古学家苏珊·乌修仁（Susan Oosthuizen）恰好提供了类比来证明这些推测有多么复杂。[11]她提出，如果两千年后我们的书面记录都消失了，那我们有的就只有考古，你会开始研究北海附近宜家（IKEA）的分布以作为了解迁移的一种方式吗？你会注意到宜家对英国家具设计有多大影响，但距离店的位置越远，宜家沙发、器皿和茶烛的数量越少，集中度也越低。这或许会让你得出这样的结论：21世纪晚期的某段时间，相当多的瑞典人在英国开拓了殖民地，宜家是"旨在表明和维护瑞典人身份的中心场所"。但如苏珊所言，需自行组装的平板家具与在英国的瑞典人没有关联，甚至与瑞典人生活在英国哪里也无关，而且也没有很多瑞典人在宜家工作。这就是我们理解过去的物件、信息和人传播流动的难点之根源所在。我们很容易能找到关联，但同样容易误以为物件的分布就是过去人口迁移的证据。

斯堪的纳维亚人

那维京人到底是谁？我们又对这些斯堪的纳维亚人的迁移模式有多少了解？通常认为维京时代之前，维京人与外部世界几乎没有联系，如果不是特殊情况，甚至在这整个时期其主要迁移方向也是出而非进。换句话说，其他地方的人没有来到斯堪的纳维亚并在此定居。维京人的外在形象和种族背景一向被恶意滥用。过去斯堪的纳维亚人的种族优越与种族单一的概念在纳粹德国雅利安人的种族政策中是最为重要的。在20世纪40年代，纳粹占

4. 佛陀：异国魅力

领挪威时，法西斯民族团结党（Nasjonal Samling）领导人维德孔·吉斯林（Vidkun Quisling）举办公共宣讲会时就以博勒维京墓葬为背景。该党有意将努力创建新优越国家与维京时代末期哈拉尔·法恩海尔（Harald Finehair）统一挪威相提并论。

这金发蓝眼的光荣维京勇士当然是符合希特勒理想的宣传形象。事实上，纳粹非常热衷宣传维京人的优势，以至于20世纪30年代海因里希·希姆莱（Heinrich Himmler）的党卫军阿内内尔贝（Ahnenerbe der SS）的纳粹德国智库将海泽比的主要挖掘工作作为其资助的一项主要研究项目。

近来新生物考古方法开始揭开不同的谜底，2020年首次公开了维京人家乡的古代遗骸的详细DNA研究结果。[12] 在哥本哈根（Copenhagen）的一个小组搜集了博物馆馆藏，想通过拼凑更多藏品来从基因角度弄清楚维京时代的斯堪的纳维亚人口的情况，并了解一些迁移人口的信息。现代DNA的研究主要关注现今世界各地人口情况：如果你确定想分析自己的血缘，可以在网上订一个工具包，用棉棒在脸颊内侧擦拭并将其密封在小试管里送到实验室。几周后，你会拿到百分比结果或是一张地图，从中可以看到你的祖先来自哪里。严格而言，这只是些信息而并非真实情况：信息其实告诉你的是与你基因匹配的人现今都生活在全世界的哪里。

但这并不一定能表示历史人口情况。毕竟，人类从第一天存在就一直在迁移。换言之，如果我们仅是简单研究现在的模式联系，并不能知道之后的迁移带来了哪些影响。比如，这可能解释了我们看到的冰岛定居者中斯堪的纳维亚和不列颠的移民在性别比例方面现代和古代 DNA 研究的差异，其中古代 DNA 表明斯堪的纳维亚移民男女比例相比现代数据较为平衡。这也解释了为什么非常难确定维京时代来英格兰的斯堪的纳维亚人的确切人数。从基因上看，他们大多数与几百年前从斯堪的纳维亚南部附近迁移而来的我们所说的盎格鲁人和撒克逊人的基因非常相似，而我们无法区分开这些不同的迁移事件。

丹麦古代 DNA 的研究结果证明了大多数我们所推测的内容，但也有一些意外的结果。研究者发现了数据中的分组分别指向"挪威人类似"、"瑞典人类似"和"丹麦人类似"，但这些基因模式不能准确反映我们现今在斯堪的纳维亚看到的国家边界。比如，相比同时期瑞典内陆东部人的基因，瑞典西南部古代人的基因与现今丹麦人的基因更相似。有趣的是，研究者还发现有"英国类似"的一些情况，或更具体地说是在斯堪的纳维亚存在有"北大西洋"血统的人群。这表明这些最初从不列颠或爱尔兰迁出的人，后来某个时候迁移到了斯堪的纳维亚。这一情况格外引人注意，因为这表明了外来基因流入了斯堪的纳维亚，而这是我们通常不会知道的情况。

一种解释是这些人可能是奴隶，虽然我们难以确定这一点，但如此前一样，我们必须考虑这些受奴役的人是否可能以可察觉的程度传递了他们的基因。

此外，丹麦小组还发现在丹麦和瑞典西南部，上溯至维京时代很多人有南欧血统，这一点是全新的发现。或许我们不该感到

4. 佛陀：异国魅力

惊讶，因为我们确实已知当时有多少人迁移了，但这一证据没有在书面资料中得以证实。这些人可能在这些地方出生，后来向北迁移，或者他们是后来这些迁移者的后裔。不论何种情况，这一发现很重要，因为这证明了外来人会迁入斯堪的纳维亚，并非只有本地人由此迁出。当然，这对进入维京人家乡的异国物品也有影响，因为如此这些物品便不太可能仅是通过贸易到这里的。

然而，基因研究不是证明维京时代迁移的第一份证据。梅拉伦湖的锡格蒂纳在10世纪末比尔卡衰落时接替比尔卡成了新的城镇，在这里进行的同位素分析表明所分析样本中有50%的人都不是本地人。[13]同样地，在比尔卡的锶同位素分析表明在本地长大的人来自不同地方，许多显然是移民，就像在锡格蒂纳，本地人与外来人各有一半。[14]其中有座特别的墓，墓中一位男性与一位女性合葬一处，墓室中有大量陪葬品，包括武器、镀金珠宝和一只里面装着东欧某种镀金银底座的皮包，还有贸易砝码、一架精致的天平以及藏在其他物品中的一套漂亮的玻璃游戏套件和骨质骰子。同位素分析表明这位男性不是比尔卡本地人，但这位女性很可能是比尔卡本地人。不论他们是谁，显然他们与世界其他地方有联系。

事实上，据研究者所言，在锡格蒂纳维京时代晚期的墓中看到的基因多样性比此前历史上的许多群体都要高，与在英格兰发现的罗马士兵的情况相当。这一结果于通常公认的种族同一性较高的群体而言的确令人惊讶。不好的消息是，虽然我们可以确定这些人并非本地人，但无法确定他们来自哪里。就像在雷普顿，信息可归结为对应某一地形的单一数字，而整个欧洲有这样数据的地方有许多。但以我们对东方联系的所有了解，我们无疑应该将那些地方当作可能的来源：11世纪锡格蒂纳也有大量的进口物品，有来自俄罗斯的玻璃指环，甚至还有象征较高宗教地位的手工制品——一枚来自基辅的陶瓷复活蛋。在锡格蒂纳还发现了西方斯拉夫领地的陶器，尽管更有可能其中大多数是在当地由制陶工按斯拉夫传统所制而非全部进口而来。

有趣的是，丹麦古代DNA研究小组发现，一些有斯堪的纳维亚之外血统的人是以我们认为的明显的"维京人"方式安葬的，这些墓葬如非研究我们会毫不犹豫地当作维京人的墓葬。比如，在奥克尼群岛上的3处遗址，从文化角度通常会认为是维京人的，但总体而言仅有少部分人有斯堪的纳维亚血统而其余则是当地人。在挪威典型的维京墓中还发现了斯堪的纳维亚北部的原住民萨米人的血统。[15]这表明遗传学不会给我们最终的答案：文化与身份复杂得多，也不存在所谓的"有维京基因的人"。

在所有有关迁移的新信息中，有一个尤为奇怪的发现，与性别有关：锡格蒂纳的数据表明，在这些移民中女性与男性数量相当。这一信息很重要，因为在相当长的一段时间里维京迁移几乎公认只是男性的事情。然而，锡格蒂纳的研究发现并非首个女性迁移的例证。在斯堪的纳维亚的其他地方，不仅发现了女性迁移的证据，还发现了女性位高权重的证据。最引人注目的事例是目前最精致的维京发现——"奥赛贝格"号。现在这艘船停在奥斯陆的维京船博物馆这座20世纪20年代类似教堂设计的建筑里。博物馆的拱形天花板和粉白的墙构成了完美的背景，走进去可以

4. 佛陀：异国魅力

看到十字建筑结构下展示的三艘壮观的船。"奥赛贝格"号大概是工艺最精美的一艘，船身由橡木所制，光滑且呈流线型，有精美雕刻的装饰和螺旋形的船首。长 22 米，有 15 对桨和 13 米高的桅杆。约 834 年，作为复杂葬礼的环节之一葬到地下，经证实有大量的陪葬品：操控航船所需的所有器具，烹饪器具和食物，甚至还有几桶苹果和蓝莓，以及服饰、箱、盒、6 张床、帐篷、雪橇和 1 辆运货小车。动物献祭也是葬礼的一部分，有 2 头牛、15 匹马和 6 只狗。

起初埋葬后没多久，墓葬就被盗了（证据是 18 把应该是盗墓贼留下的木铲）。这可能解释了为什么这里没有珠宝、贵金属或武器。虽然如此，墓里仍留了些异国物件。其中有地中海东部——很可能是拜占庭来的丝绸，以及所谓的"佛桶"，即上面嵌有珐琅盘腿坐像的一只桶。虽然坐像看起来很像佛陀，但现在一致认为这件是爱尔兰所制。无论如何，这都太像"异国"品类了。

奥赛贝格墓是独一无二的，这最富有的维京墓是两位女性的墓。从墓葬中大量的财富来看，两位定身居高位。两人的年龄都相对较大，年轻些的可能刚过 50 岁，年长些的在 70 到 80 岁之间。很长一段时间以来，人们一直在争论其中哪个是墓主，也认为年长些的女性是年轻些的女性的侍从甚至奴隶，或者可能是相反的情况。因为她们同时死亡，通常认为其中一人可能为陪伴另一人献祭而亡，一些人认为这是维京时代的一种惯例。2006 年，有一篇发表的文章记述了两具遗骸古代 DNA 的研究结果。虽然当时无法确认年长者的基因特征，但结果也表明了年轻女性携带了在黑海地区最常见的一种线粒体单倍型。这一信息很重要，表明这个最重要的维京墓葬是东方迁移女性的墓，或表明年轻女性是奴隶？

由于这些测试是早期古代 DNA 分析的情况，之后将会更完善，而最重要的是弄清楚两位女性间的家庭关系。[16] 不论结果如何，这整个墓葬和基因证据让我们不得不重新看待这两位女性所扮演的角色，或至少应该担任的角色：不仅是在维京时代社会中的角色，还有在斯堪的纳维亚来往迁移中的角色。是不是这些河上国王中也有河上女王？

5
瓦尔基里：河上女王？

丹麦 2012年

就在快要放弃时，他听到警示音高鸣就停了下来。显示屏上的数字清晰地表明这不是一块铁碎片而至少是青铜碎片，甚至可能是银碎片。他脱下手套，将金属探测器靠着插在土里的铁锹，小心地松开表层的土。他很快就看到了物件，仅埋在冻土下几厘米的地方：一个小巧而有特点的银脑袋抬头看着他。冻土在人像周围形成了坚硬外壳，他便决定先整体带回家，放在暖气上融化，再耐心地去掉剩余的泥土。人像的脖子和肩膀露出来了，双手持着双刃剑和盾牌，显然是维京时代的风格。人像有长发，脸显然也是女性的脸。毫无疑问这是位持有武器的女性。她是谁？瓦尔基里（Valkyrie），持盾女勇士，是虚构的还是象征真实的谁？

5. 瓦尔基里：河上女王？

探寻维京女性

正如我们常听到的那样，维京时代男性占绝对数量。灰色胡须、咬紧牙关的维京勇士形象令现代人印象深刻，雷普顿手握锤和剑的勇士恰与我们脑海里的模样重合。"维京"一词指的是男性，其古北欧语词源意指让维京人成为真正的男人。即便如此，正如一位研究者所言，虽然无法用文字来代指维京女性，但从生理角度而言维京女性一定存在。当然，也确有维京女性。但令人惊讶的是，直到近来维京女性才得到了许多关注。到了现在的21世纪，她们似乎有些报复式地归来了。

在大多数有关维京时代的研究中，女性一直在家中农场真心地等待，被动地看着她们周围进行的迁移。对她们的角色与所起的作用，我们仍有很多不了解的地方，但许多新发现和新思考开始改变一些东西。雷普顿一直是英格兰一处为数不多确定与维京有联系的遗址，可能也是斯堪的纳维亚之外最重要的其中一处。因此，如果我们能知道雷普顿的女性是谁以及她们为何在此，那这便是个很好的起点。

如果维京出行几乎只是男性的冒险，你会想要找到进出斯堪的纳维亚的人口流动的证据，即在一生中的某个阶段迁移的人，而且应该找到的都只是男性。然而，事实并非如此，正如我开始在雷普顿工作的几年前就发现的那样。作为挪威的一名学生，经过数月写申请信的准备，向委员会申请，接受培训并做好预备工作，最终我拿到了金奖券：允许我对奥斯陆大学解剖系地下室保存的 40 具维京时代遗骸进行采样。我开始对人口流动研究产生了兴趣，想要找到维京时代逝世的人中迁移范围到底有多广，尤其是女性。

最后当我走进奥斯陆大学的施赖纳解剖收藏室（Schreiner Anatomical Collection）时，我冒险走下金属楼梯，发现了 7 000 个人的头骨，没有名字，每张脸都透过木框玻璃柜向外看着。那天我花了些时间在一排排装着一层层头骨的柜子间来回地走，看到每个头骨都被小心放在了浅纸箱里，正面用墨水笔手写了编号。我有一张从数据库提前选出的单子，是严格按照我的时间、地点和年龄标准筛选的。我会将这些对应编号的头骨带到楼上的制备实验室里，然后穿上白大褂，戴上护目镜，在将其放回架子前尽可能仔细地采样。

和在雷普顿一样，样本送到实验室进行锶和氧同位素分析，

5. 瓦尔基里：河上女王？

而我在等着一系列数字以表格形式呈现出来。一些结果很让人意外。大多数据都表明了人口的流动性。具体来说，那些埋葬地与成长地的同位素结果相差很大的是女性。其中两位女性似乎根本不可能在挪威长大，有趣的是她们的牙釉质数值表明其来自斯堪的纳维亚南部或者英国。虽然我仅研究了少数样本，但结果并不符合是待在家的家庭主妇这一普遍观点。

我也在想如果这不能证明一些远来的陪葬品最后是随这些女性远行到此的，那令人烦恼的是我也没能找到明显有带着进口物品迁移的人。大多数墓中的遗骸和牙齿保存不够完好，无法分析。于是，我也开始找其他的线索，比如其他人做过的研究，想看看结果是否相同。结果证明的确如此：在当时我能找到的所有锶和氧的同位素研究中，埋葬记录中男女性都有的情况下似乎迁移的女性比例与男性一样高。最大的问题是维京时代的男性墓似乎远比女性墓要多（这是另一个讨论的关注点，后面会有更多相关内容）。不过，这也是新的信息，即便是基于小规模的数据。

接下来的几年里，有更多的研究开始论证之前的研究结果。第一次对维京时代挪威遗骸古代 DNA 的分析也发现了女性流动的证据。在 2015 年的这项研究中，从墓葬中提取了逝者的 DNA 并建立了线粒体 DNA 模型。这种遗传物质仅通过母系血统遗传，这点尤其有趣。如果你从母亲那儿继承了线粒体 DNA，那只有你是女性时才能将其传给下一代。这意味着像这样的研究中的数据能表明一些与某一性别血统相关的信息。如果要研究当时是男性还是女性迁移（或者两者同时），这些信息就非常有用。研究发现，一些人的线粒体 DNA 与挪威人的这一 DNA 并不相符，这表明他们或者他们的某个近祖很可能是迁移到此的。研究中有位女性的样本比其余的令人更感兴趣。

1927 年，在从特隆赫姆峡湾（Trondheim Fjord）向东流的河流旁有个小农场，为了在平原上建铁路，一组工人正在这里挖地沟。挖着挖着偶然挖出了一些物件：一枚女性的胸针、一柄剑和一副马具的一部分。没有看到任何墓葬的痕迹，他们就继续挖着，直到挖到 400 米远的位置他们发现了更多物件，这次还有具尸骨。逝者胸前摆放着两枚保存完整的维京风格椭圆形胸针。再远一些有两颗珠子，一颗棕色玻璃珠，一颗陶瓷珠。根据特隆赫姆博物馆（Trondheim Museum）档案记录，遗骸现存部分"头盖骨、大腿骨、胫骨保存较好，期望可以找到其余部分"。这些遗骸与物件都赠予了博物馆，遗骸后由施赖纳解剖收藏室收藏。

她的遗骸一直就在这里，没有姓名也未引起注意。直到 2015 年挪威的一项研究分析了其遗骸并表明其线粒体 DNA 血统更可能属于被称为 A* 的单倍群（Hg A*）。[1] 这一单倍群在斯堪的纳维亚和欧洲非常罕见，在黑海地区包括土耳其较为常见，但这几乎就是我们对她的全部了解了。墓里的所有物件都较普通。约 1 个世纪前的骨学分析将她的头骨归为"北欧型"（虽然现在我们知道这一分类往好的方面说是没意义，往坏的方面说是种族主义）。她的陪葬品较典型但不精致。

这实际上可能是我发现的最奇妙的事情：这里这位女性不知为何在基因上与黑海有关联，可能是向东迁移了，但完全没有传统证据可以支持这一点。任何历史书中都没有提到她，也没有能让我们了解她的故事的其他事例。我们不知道事实上是她还是她的一位母系祖先从那些地区迁移了过来，也不知道是以何种身份到这里的：独立旅者？妻子？女儿？战士？而女性在维京时代的角色是我们要解答的一个关键问题，尤其是那些跨国出行的人。

女勇士

我们已知在克西没有与维京大军相关的墓葬，所以这些发现的物品就是我们继续研究的唯一依据。纺锤定盘的出现可以作为女性存在的证据，因为基本都认为纺织生产只是女性的工作。[2] 总体而言，有充分证据表明在斯堪的纳维亚家乡工作是按性别分工的，有可能他们远离家乡后也会这样做。

几乎可以确定维京营中有女性：很难想象成千上万人的军队和依附者聚在一起，其中却没有一位女性。但这里有两个重要问题。其一，如果我们认为这里有女性，且参与了实质上的军事行动，那她们是谁？是否从斯堪的纳维亚随军而来，如此我们便可自信地给她们冠以"维京"女性之名？不然，她们就是沿路进入军队的依附者，要么自愿要么被迫？这样的话，我们是否仍可以同样称其为"维京"女性？其二，我们必须考虑她们的角色。如果纺锤定盘的出现让我们想到了女性的存在，那我们可以据此推论这些更琐碎的家务是她们在这里会做的事情，就是雷普顿墓室里女人做的事情。既然我们相当确信集体墓葬与 9 世纪的维京大军相关，那么我们就可以重新考虑她们在此的出现。

马丁与比尔特发表有关骸骨遗存的分析结果时，得出结论说大概其中五分之一都是女性遗骸。我们不知道这是否确切代表了整个群体，因为只能在有表明性别的遗骸部分的情况下研究性别，通常是骨盆或头骨，因为在这些部分有明显的性别差异。比如男性的下颚更宽，眉骨更凸出，而女性骨盆需足够宽以便分娩。这表明至少可能有 20% 是女性，而实际上拉尔斯·费伦-施米茨与他的同事进行的 DNA 分析表明至少在雷普顿有一个认为是男性的下颚实际上是女性的。

起初的分析认为这些女性可能是本地人，因为她们身高相对较低。结论毫无疑问是受当时雷普顿最初分工这一事实的影响，绝大多数人都认为女性没有参与劫掠。现在不清楚与身高相关的统计分析是否仍站得住脚，而令人烦恼的是同位素证据也未有相关结论。墓室里的女性经检测确定不是本地人，但也不清楚她们从哪里来。其中两位似乎不太可能来自英格兰，因为她们的锶数值在英格兰很罕见，仅在苏格兰高地地区或威尔士有，即便她们同样可能会待在斯堪的纳维亚内陆或欧洲大陆其他地方的家里。

同位素结果表明，这些女性可能同男性一样迁移而来，也可能来自斯堪的纳维亚。然而，这并未告诉我们她们的角色是什么。有没有可能她们不是妻子和依附者，而是维京大军战斗力量的一部分，是女勇士？女勇士在维京世界的确存在，但我们不知道她们是真实的还是虚构的。不过，就在最近，一位特别的维京女性可能改变了这一现状。在她逝世后的一千多年在这世界上留下了重要印记，她就是现今著名的"比尔卡女勇士"。

2017 年，乌普萨拉大学的研究者发表了一项研究成果，表明比尔卡墓中勇士的遗骸实际上是女性遗骸而非此前认为的男性遗

5. 瓦尔基里：河上女王？

骸。[3]研究小组重新分析了这一19世纪晚期挖掘的Bj.581号墓葬遗骸的古代DNA，结果发现遗骸中有两条X染色体，因此该遗骸从生物学角度认定为女性。这一结论令人惊讶，因为一百多年来这一墓葬一直被认为是典型的勇士墓葬，很像一直也是如此描述的雷普顿G511号墓。

比尔卡的墓葬环境甚至更吸引人。逝者被安放在地下墓室中，土里挖成长方坑，边框是木制的。送葬者将逝者尸首精心安放在近中间的位置，尸首可能是面朝东坐着的。墓室尽头的小平台上放着两匹马的完整遗骸，紧紧靠在一起，面向其曾经的主人。马匹似乎已备好：一匹上了辔头，随时可骑。墓主尸骨周围还放着其他物件：两副盾牌、一柄剑、一把斧、两支长矛和一把格斗刀，还有25支专用来刺穿盔甲的箭。不论是谁来为她送葬，都尽力为她准备了具备从徒手格斗到骑射各项军事技能的人在战场上可能需要的所有武器。

如此丰富的陪葬品甚至在比尔卡也很少见，虽然这里有许多墓葬。事实上，Bj.581号墓葬是整个遗址仅有的两个武器齐全的墓葬中的一个。因此，1878年将其墓主认成了男性也不足为怪。2017年这项基因研究公开时，登上了世界各地的新闻头条，也迅速在社交媒体上传播起来。这不仅仅是21世纪人们心里所期望的证据，正如媒体所述，可证明历史上的女性也能展示其神武英勇，而这证据也是由科学研究的"宝器"DNA提供的。这位比尔卡勇士在这完美的媒体风暴中重新进入这个世界。虽然如此，也并非人人都对新发现充满热情。主要的反对意见分为两个方面。[4]其一，仅因为这位女性的陪葬品中有武器，就确定她是勇士？其二，这只是个例，这一个例能否真正用以说明女性群体在维京社会的角色？也就是说，这是否意味着有很多和她一样的人？

为解答第一个问题，许多人转向研究遗骸。与主持新研究的考古学家夏洛特·赫登谢纳-琼森（Charlotte Hedenstierna-Jonson）博士一同参观瑞典历史博物馆期间，我去斯德哥尔摩看了Bj.581号墓葬遗存。这位无名女性与许多陪葬品一同小心地被放置在遗骸实验室的桌上。她的遗骸分散易碎，头骨自20世纪某个时间被一位不知名的古文物研究者弄丢后仍未找到。研究者一直在找的就是（也是我经常被问到的有关雷普顿墓中女性同样的问题）是否有任何与暴力或重伤相关的证据。Bj.581号的遗骸上没有相关发现。骨盆没有斧伤，为防御举起的前臂上没有剑的切口，没有像G511号那样的伤痕。事实上，我们根本不清楚她是怎么死的，她死时年仅30多岁。但这里缺少证据并不代表没有证据，因为头骨丢失和遗骸未妥善保存，我们很容易就会看不到她此前所受的伤。

同样地，许多人在找典型"勇士"活动所造成的重复性劳损的证据，比如挥舞重武器变得更粗壮的手臂，类似职业网球运动员的打球臂比另一只手臂明显要粗的情况。例如，射箭会造成身体明显的劳损，因为重复性的动作收缩紧绷肌肉，不断重复会引起肌肉关联的骨骼发生变化。像这样的证据是在10世纪的匈牙利墓葬中发现的，墓中与人一同埋葬的还有大量射箭装备，这表明我们也可以在逝者那里找到这样的证据。[5]

Bj.581号墓中有箭，可能也有配套的弓，但她的遗骸中没有明确表明她重复使用弓箭的证据。因此，许多人认为这些物件象

5. 瓦尔基里：河上女王？

征着她承担的角色而非真实的实际所用器具。也就是说，这些物件可能表示某人想展示她死后后世的情况而非表明她生前做过什么。将其与雷普顿的 G511 号相比较，除了性别不同，似乎两者主要的区别就是雷普顿的逝者受了重伤。毫无疑问这表明他是被残忍杀死的，因此也表明他在某个时候参与了战斗。这可能看起来就像是如果受伤就能证明你是勇士，听上去有些不幸，因为这样的方式肯定无法代表那些打了胜仗或仅仅是非常幸运而活下来的人。

如果你接受比尔卡这位女性是尚武角色的说法，那雷普顿的女性很有可能也是如此。虽然比尔卡的这位女性可追溯到 10 世纪，比雷普顿墓葬的时间晚几十年，但她表明了至少维京女性可能会承担这样的角色：她当然可能是战斗力量的一部分。这不该令人感到如此讶异，因为她并非唯一的个例。在斯堪的纳维亚，也有其他陪葬武器的女性墓葬，只是相对较少。但如果我们看看北欧其他地方，就会发现同一时期具备军事力量的女性案例。最著名的就是麦西亚夫人埃塞尔弗雷德（Aethelflaed），她是阿尔弗雷德大帝之女，可能是已知唯一一位领导军事力量的盎格鲁-撒克逊英格兰女性（尽管有些讽刺的是当时她的主要敌人是维京人）。同时，在欧洲大陆上，也有另一位领导抵御维京人战斗的女性——萨克森（Saxony）的格贝加（Gerberga），她是德意志国王奥托一世（Otto Ⅰ）的妹妹，于 945 年到 946 年其丈夫路易四世（Louis Ⅳ）被捕时在法兰西北部的拉昂（Laon）组织了抵御军。埃塞尔弗雷德与格贝加的共同之处在于在 10 世纪通常认为只有男性才能掌权的时期，她们独立领导了军队攻击和组织抵御。在这两个案例中,她们的政治地位源自其家族权威,但同时也有记述称其受了良好教育、聪慧,且在同辈支持下有军事领导才能。

这样很容易就会将比尔卡这位女性放在同一情境中,这也并非不现实。我们应该记得这一时期一些女性确实有权力,奥赛贝格墓葬就是最好的例子。其中的两位女性都不曾与军事角色有联系,因为墓中没有任何武器。但是,由于奥赛贝格墓显然被盗过,因此我们不能确定最初是否有武器被盗走了。20世纪早期的墓葬名录中记述了一件奇怪的箭状木制物件,称为"哈皮尔"(hærpil),是一种所谓的战争用箭或口头提醒人们防御战斗所用的指示棒。或许这就是军事角色的指示。无论如何,如果掌控的可能不是军队,难道拥有如此财富且毫无疑问也有很大权力的人不可能也掌控一些至少能保卫土地、财富和资源的战士吗?我肯定会认为,奥赛贝格墓中的女性以某种方式掌握了权力,即便她们自己不去战斗。

然而,这样的例子在历史记录和考古中都是极少的。在我们几乎没有其他证据的情况下,如果雷普顿发现的20%的女性的情况属实,能否代表大军中女性的真实比例?还有一些有趣的历史资料可以查看,最著名的是丹麦史学家萨克索·格拉马蒂库斯(Saxo Grammaticus)于12世纪至13世纪早期写的内容。他以明显消极的语气记述了以下内容:

> 以前,丹麦有一些女人将自己打扮成男人模样,一生中几乎每件事都是为了战争,为此她们可能不会因贪慕奢华而削弱自己的勇猛。因为她们厌恶精致的生活,习惯用艰辛忍

5. 瓦尔基里：河上女王？

耐磨炼意志和身体。她们抛开了女性的温柔，让自己在精神上习惯男性的冷酷。此外，她们如此热切地追求战场上的娴熟技艺，以至于有人会认为她们可能与男性没有什么区别，尤其是那些性格刚强或身材高大、长相清秀的人已习惯了这样的生活。因此，这些女人（就像已忘了天性，比起温言细语更喜欢冷言厉语）宁愿战斗不愿亲吻，宁愿舔舐鲜血不愿亲密接吻，宁愿用武器打仗不愿投入恋爱。她们的双手用以拿矛，而非织布。她们以矛击敌，而非以貌化敌。她们想着死亡，而非嬉戏。[6]

我们不知道萨克索的描述是否真实，但显然从他的口吻可以看出他并不赞同女性战士的概念，正如他所记述的那样，从相对的宗教视角来看。作为基督教教牧人员，于他而言，这些举动不适合女性。

他没有记述细节比如女勇士的数量或者女勇士有多常见，但他继续明确列出了一些令人印象深刻的女性及其行为举止。此处他以相对称赞的口吻列举，比如赫塔（Hetha）和维斯纳（Wisna）两位女船长，他说她们有女性的身体，"自然却赋予她们男性的灵魂"。萨克索的记述也许有些夸张，但从他那里得到的信息就是维京时代女性有可能成为战士和军队的一部分，尽管不太像一些 21 世纪的虚构说法令我们认为的那样普遍。

冰岛萨迦文学也突出了战斗女性形象，这些故事可追溯至 12、13 世纪，可能有些真实性，即便人物角色大都是虚构的。虽然其中没有一位明确领过军，但有几位知道如何使用武器，也是你绝对不想无意中激怒的人。其中最引人注目的一位是费雷蒂斯·艾瑞克斯多蒂尔（Freydís Eiríksdóttir，即使她的很多行为都相当令人震惊）。她是红胡子埃里克（Erik the Red）之女、莱弗·埃里克森（Leif Erikson，根据萨迦，他是抵达北美的第一人）的姐姐。费雷蒂斯从格陵兰的家出发向西前行去文兰（Vinland）新的定居点，可能是在纽芬兰海岸的某地或附近。不幸的是与她一同前行的人，因为她的旅程都是以暴力结束的。有一次，她要人谋杀与她一同定居的人，当那人拒绝为她这样做时她自己动了手。另一个故事中，她的远征小队在去往格陵兰的路上，晚上遇到拿着奇怪武器（可能是弹弩）的当地人的袭击。小队里的人在这充满敌意的新领地上惊醒，被当地人射出的子弹吓得乱跑，但费雷蒂斯显然没有因这意外事件惊慌失措，而是责备他们怯懦胆怯。她拿起一柄剑，投入战斗。最精彩的部分是她用剑拍了拍袒露一侧的前胸，发出一声尖锐响亮的战斗呐喊。袭击者显然被吓到了，转身就跑。还需要说的是，当时她还怀了孕。虽然她的品行有问题，但萨迦塑造出的形象是无畏勇敢、直接行动的，包括使用暴力，与男性没有什么不同。这或许是更浪漫化的呈现，是对13世纪勇武女性的想象而非维京社会现实的真实反馈，但也可能表明不论其是否符合我们对"勇士"的分类，这样的行为并非完全出乎意料，且女性使用武器也不是不可能。

想用像萨克索这样的记述和萨迦作为历史资料存在的问题是宗教的巨大影响，所有故事都是从基督教视角讲述这个世界。这样的记述通常传达了过往劝诫异教徒的观点，包括女性做不像女性做的事，往往有可怕后果，而这些事基督教的良善女性绝不会

5. 瓦尔基里：河上女王？

做。这便很难评估其在多大程度上反映了事实。另一处文献则不同：11世纪的希腊史学家约翰·斯基利特斯（John Skylitzes）记述了971年发生在多罗斯托波尔（Dorostopol）的一场战争，是拜占庭帝国抵御罗斯人的部分战争。我们之后有更多关于这些东部维京人的内容。在不经意的评论中，斯基利特斯记述了击败罗斯人后拜占庭士兵如何搜索战场上任何能从敌方士兵尸体上捡到的东西。在此期间，他们发现了身穿盔甲的女性尸体，显然其一直与男性并肩作战。与许多其他相近时期的记述不同，这一记述没有以劝诫或说教的方式，反而增加了其记述真实情况而非别有用心记录的概率。

最后，我们有我们所了解的北欧神话中的非常重要的女性——瓦尔基里，其通常在我们非常熟悉的暴力事件和战争中起到至关重要的作用。瓦格纳的系列歌剧《尼伯龙根的指环》（*The Ring of the Nibelung*，虚构的带角头盔在此首次出现）使这一形象更为众人所知也更受欢迎，一个多世纪以来瓦尔基里作为非常浪漫化的女勇士形象令人浮想联翩。歌剧基本以已知书面资料为基础，但有很大的创作自由。在北欧神话中，瓦尔基里有权选择落败倒下的人：一场战争后，这些飞舞的女武神会突降战场在落败倒下的人中选择一些带入奥丁在阿斯加德的瓦尔哈拉殿堂。有文献这样记述，说她们全副武装飞过天空，经过时，马鬃上落下的汗水像山谷的露水、森林的冰雹。在瓦尔哈拉，只要瓦尔基里没有悠闲地打斗，就会源源不断地供应幸运的勇士吃喝。在瓦尔哈拉的好处是如果死于某场战斗，在一天结束时会自然复活，只图玩乐没有风险。

瓦尔基里呈现的形象是"悲剧的女勇士,注定因爱上凡人而毁灭"[7]。她们通常守护凡人,是他们超凡的恋人,在战场上保护她们选择的人,是精神上的妻子形象。有时,她们太投入而会在后世继续恋情。洁尔诗科古尔(Geirskogul,挥动长矛者)、希格罗瑟尔(Sigrloðr,决胜女神)、兰蒂格瑞瑟尔(Randgríðr,胜利推动者),这些名字会引你进入她们的世界,也难怪这一形象会抓住之后的作家和创作者的想象力。瓦尔基里展现的是奥丁神力,她们可以蒙蔽心智、扰乱思想和麻痹四肢,简言之,就是确保对手无法战斗、丢掉性命的基本技能。

瓦尔基里并非北欧神话中唯一以战场上的力量和女性魅力为重要特质的女性,她们与女神芙蕾雅的力量不相上下(准确地说,芙蕾雅更胜一筹)。芙蕾雅与瓦尔基里关系密切,瓦尔基里突降战场选了逝者带去瓦尔哈拉后,那些没能去见奥丁的人会被选去赛斯鲁姆尼尔(Sessrumnir),即芙蕾雅在福克旺(Folkvang,民间田野)的殿堂。事实上,根据诗歌《格里姆尼斯马勒》(*Grímnismál*)所述,事件的真实顺序恰好相反,是芙蕾雅先选落败倒下的勇士。芙蕾雅自己乘着两只猫拉的战车冒险参与战事中,不过可别由此便认为她不会是个可怕的对手。她手持剑与盾放在胸前,扎着飘逸的长马尾辫。这些神话传说多大程度上反映了女性参与战斗的事实尚不清楚。但可以确定,在维京世界,我们确实会见到女战士和擅长舞剑挥斧的女性,一些是真的,一些是想象的。因此,发现新物件时,比如金属探测员2012年在丹麦发现的扎着马尾、手持剑与盾的女性小银像,我们便无法确定其是虚构的瓦尔基里还是真实女战士的形象。

5. 瓦尔基里：河上女王？

我试着理解这对雷普顿墓室里的女性意味着什么。我不太确定我们是否能回答她们是不是勇士这个问题，但比尔卡这位女性的情况很重要。幸亏有她和几乎同时期的埃塞尔弗雷德，我们才知道没有理由不让女性加入维京大军。我想知道墓室中是否有其他物件，这或许能提供更多信息。显然，许多陪葬品起初与遗骸混在一起，而古代墓葬中的遗骸通常是我们确认和解释性别的依据，尽管如 Bj.581 号所证明的那样，这其中也有很大的问题。在雷普顿墓室中，有个纺锤定盘与遗骸混在一处，这能否作为证明女性在这里承担更多家庭角色的依据，就像在克西的假设一样？我也好奇这颗红玉髓珠，谁会佩戴它，男人还是女人？不过，想基于她们所佩戴的物件论证女性是否跨国出行是有很大问题的，因为这样的解读严重影响了年代的确定。

迁 移

直到近来，大家都还认为在斯堪的纳维亚家乡类似的情况中为女性陪葬的异国进口物件是男性赠送的礼物。这种情况在挪威西部尤为明显，从不列颠和爱尔兰抢掠到挪威的物件大都是在女性墓中发现的。但有关迁移的新的同位素和遗传学依据让我们不得不重新思考、解读这些墓葬。而一直存在的问题就是要弄清楚是物品转移还是物品所有者迁移。

如果是维京时代的女性，结论几乎都表明是前者。这对我们如何看待整个时期女性的作用即她们的参与情况有较大影响。部分问题在于对这些物件的解读基于一些循环论证的假设，就像咬着尾巴的蛇，又回到了维京时代的开始。

传统意义上始于对林迪斯法恩等地修道院空前残忍袭击的这个故事有发现的异国抢掠物件作为支持。这些物件通常来自教会等地，埋在8世纪挪威西部的墓中。物件大多显然不是经公平的买卖交易而来：由雕刻极精美的书皮碎片改的胸针残片或是近乎完美的圣物龛。不流血或不受到威胁，是绝不可能从教堂这样的地方将这些拿走的。特别的是这些不列颠和爱尔兰的早期物件几乎只出现在女性的墓中。每本提到此的书籍都会告诉你这些是兄弟、父亲或丈夫的赠礼，是他们在西方大胆跨洋劫掠成功后所获的财富。这一假定是所有这些异国物件都是暴力劫掠到斯堪的纳维亚的，而女性定然没有参与其中。

这很可能是真的，但更仔细地察看这些证据就会发现有趣的地方：许多女性墓中的外国物件并非一定是盗取而来的。实际上，墓中常有碗、勺和餐饮器具，以及盛宴和社交场合所用器具等。[8]这些适合用作联盟缔交的赠礼，是可作为陪嫁带走的东西。那没有这些陪葬品的女性也会出行吗？从施赖纳收藏室的挪威遗骸中得到的同位素证据表明有一些是非本地的移民女性，其中一些很可能来自不列颠。这一结论让我们也要开始重新评估这些物件。

我们了解过去，获取骨学分析、同位素、DNA等科学依据的方式有显著的改变，这一点影响巨大。但是，并不总是直接关联，对如何解读新的证据我们必须非常谨慎。比尔卡这位女性是关键案例。虽然争论一直围绕其性别，却也很快回到了"勇士"这个概念上。仅因这位女性有武器陪葬，就真的表明她生前尚武？可

5. 瓦尔基里：河上女王？

如果对男性墓葬我们没有问这样的问题，那为什么要对女性这样问？

对女性在英格兰定居地角色的认识近来也有变化。直到最近大家都还认为，来这里定居的维京或斯堪的纳维亚迁移者倘若不是所有也绝大多数都是男性。改变这一看法的还是金属探测出的物件，这次是女性首饰。牛津大学的简·克肖博士从"可移动文物计划"数据库收集了证据，因为此前仅有少数斯堪的纳维亚女性的胸针是在英格兰找到的。[9] 金属胸针是展现女性时尚的普遍物件，甚至可能比腰带还普遍（至少对那些买得起的人而言）。一些格外复杂，装饰华丽，呈椭圆形，形状像龟壳，上有蛇形设计，成对佩戴在胸前较高位置。事实上，龟甲胸针在斯堪的纳维亚的女性墓中非常常见，通常成了女性身份的认定标志，它的出现和缺失可决定我们能否相信墓主为女性。那么，如果在国外发现了这些，那一定有佩戴这些的女性去过那里。这正是简所发现的。她查阅数据库发现，25 年多的时间里在英格兰东部发现的斯堪的纳维亚风格女性首饰和服饰配饰的数量增长了 20 倍。

当然，我们不知道这些女性佩戴的胸针是买来的还是作为本地人的斯堪的纳维亚的亲戚给她们的。但简非常令人信服地表明，随着时间的推移这种可接触到的设计与时尚非常紧密地反映了斯堪的纳维亚的变化。而这一情况在胸针随女性来此而非随商贸船到此的条件下更有可能发生。那问题不仅是这些维京女性是否在这里出现过（不论是在当地还是在外国），还有她们承担着什么样的角色。她们"仅是"妻女、奴隶或情人，还是她们在旅程中更积极地参与其中？旅程中又发生了什么？重要的是，陪伴维京国王的女性是来自斯堪的纳维亚,还是中途加入的?

在萨迦中,路途中有一些显然并非战士的女性。比如,深思者艾于德[Aud,挪威领主塌鼻凯蒂尔(Ketill Flatnose,此名号不太好听)之女],据萨迦所述这位领主因第一批在冰岛定居而著名。艾于德嫁给了都柏林的北欧国王,在战争中失去了丈夫和儿子,由此她决定自己的目标就是迁移到新的、有希望的绿色土地上,在路途中她嫁出了自己的孙女们。显然,这样一位有谋略、有能力的女性备受尊敬,她为了这一愿望秘密备了船,还找了20个自由人随她一起。

我们当前对维京女性的认识中存在的问题是非常重要的,因为这些与现在对维京时代起源的看法有关。其中一个问题是考古记录中的主要偏见,因为似乎在斯堪的纳维亚男性墓葬远多于女性墓葬。[10] 首次发现这一点是在20世纪80年代,维京女性研究刚刚正式开始的时候。查看男性墓葬与女性墓葬的统计数据发现,挪威一些地方的男性墓葬数量远超过了女性墓葬数量,比例高达7比1。多年以来,人们一直想当然地认为维京时代的男性比女性多,但这是有问题的。如果没有非常特殊的情况,比如大量男性死于战争,人口中存在很大的性别差异是极其少见的。即便真有特殊情况,这也只能解释成年人口中的性别差异,不应该造成墓葬数量有这么大的差异。如果一开始出生的女孩和男孩数量相等,那死后埋葬的女性和男性的数量也应当相等。

有观点认为,最有可能解释斯堪的纳维亚这一性别差异情况的是选择性地杀死女婴。不幸的是,对维京时代我们没有证据证明这一观点的对错,所以仅是推测。我们也几乎不太可能证明有

5. 瓦尔基里：河上女王？

大规模杀婴的情况：婴孩墓少有留存下来的，即使有，也只能用最新完善的 DNA 技术才有可能确定婴孩遗骸的性别。

事实上，我们有的唯一可证明有杀婴情况的证据是在 12 至 13 世纪的萨迦文学中。其中有则故事提到，一名女婴被遗弃在自然中等死，因为女婴不如男婴宝贵。但这不足以作为令人信服的证据，证明这一做法在近 500 年前已然非常普遍，从而导致了性别间的严重失衡。更重要的是，在萨迦中，杀男婴至少与杀女婴一样普遍，所以这的确不能作为杀死的女孩比男孩多的力证。

这一差异的影响较大，因为有人也提出斯堪的纳维亚女性不足是最初从维京时代开始的一个主要驱动因素。这种观点首次提出是在中世纪。当时一位法国史学家圣昆廷的杜多（Dudo）在 10 世纪晚期或 11 世纪早期写的《诺曼人的历史》(*History of the Normans*) 一书中提出，维京劫掠因未婚男子过多而始。大概在杜多的时期，很像现在，在犯罪统计中这类人群的比例过高。他的观点近来得到了更多的认可。首先，其暗指或许驱使这些人出国的原因是在家乡他们必须竞争才能娶到妻子，因为根本没有足够的女性可供选择。[11] 因此，为了成为黄金单身汉脱颖而出，需要财富，更直接地说就是聘礼——给新娘家的礼金（与嫁妆相反），这在许多文化中都很普遍。最近的一种理解进一步推进了这一说法，提出女性数量格外不足是因为一夫多妻制的实施，一人能娶多位妻子，那其余待嫁的女性就更少了。[12]

虽然这些理解表面上看似乎有道理，实际上却有严重的缺陷。第一个缺陷与考古证据相关。挪威一些地方的 7 比 1 性别差异比是否反映了整体女性不足的真实情况？我想答案是否定的。但要理解其中的原因，我们需要看看最初是如何鉴定这些墓葬的。许多情况下，墓主的性别仅基于陪葬品来确定，至少在遗骸保存不够完好不足以用骨学分析的情况下是这样。这表明陪葬品可反映具体的性别：通常用武器工具代指男性，而用纺织设备暗指女性，虽然有时有更具体的服饰，比如与女性一同埋葬的几种胸针，这可能要比前面提到的物件更可靠。因此，如果墓中遗骸保存不完好或根本没有遗骸，比如仅有一柄剑，那就会认为这是男性的墓葬。

大多情况下，这样的推测可能是正确的，但就像 Bj.581 号墓葬一样，也有例外。那没有陪葬品或陪葬品无法表明具体性别的情况，比如一把刀，如何推测？这实际上非常常见，而这样的墓葬通常也不算在统计数据中。如果女性没有任何陪葬品是普遍情况，那就会使研究结果严重偏离。同样要注意的是尤其在挪威，在这一时期并没有很多大型公共墓地，反而常在农场外围的土堆下发现墓葬，可能是家族墓地，但并非每个家庭成员都埋葬在此。这让我们有另一种解释数据偏离的思路：如果仅是一家之主埋葬在此，这很可能就排除了女性。更有意思的是，在用现代方式挖掘的一些数量很少的墓地中，男女比例接近 1 比 1。

聘礼和一夫多妻假设的第二个缺陷与数量和统计相关。我们知道的一件事是在整个维京时代大批人离开了斯堪的纳维亚：一些人在新地方定居，肯定就不再回来了，而许多人参与了劫掠和战争。这其中许多人也没能回来，如果我们相信历史记述的死亡人数为真的话。举例来说，878 年德文郡（Devonshire）死了 840 人，而在 937 年的布鲁南堡战役（Battle of Brunanburh）中 4 000

5. 瓦尔基里：河上女王？

名丹麦人与丹麦国王之子一同被杀。如果离开的大多是男性，那在家乡会留下相对更多的女性。如果女性真的还很少，那从一开始这种不平衡就非常严重，除非也有大批女性离开了家乡。从女性迁移的证据来看，这一点现在看起来很有可能。但即便如此，这一假设还是站不住脚。

那么，战争中就可能会牵扯到一些女性，自然是随军流动或可能是战士，有时也会是指挥官。但正如英格兰营地的证据所表明的那样，贸易是维京现实的组成部分。大多数时候我们可能看到的是从事贸易的人。将贵重物品锁在箱里的人，为便于买卖估价了解所获商品细节信息的人，为换取臂上的银按市场标准称量确切数量的人，这些中间商都是无名的，他们默默无闻的人生也没有留下记录。只有在墓中发现了天平或称重设备时，我们才对他们能有更多的了解，因为我们可以非常确定地推测这些物件与逝者生前承担的角色有关。就是用这样的方式我们知道了女性也参与过贸易。在比尔卡，甚至大多数女性似乎都是中间商：墓中发现的所有砝码中有32%来自女性墓葬，28%来自男性墓葬，其余墓葬墓主的性别难以确认。

不寻常的是，在其他地方情况似乎不同。比如，在挪威仅有17%的砝码与女性墓葬有关。[13]这是否表明存在地区差异，比如挪威的惯例与瑞典的不同？一项研究显示，在俄罗斯维京时代有称重设备的女性墓葬占比也很高，高达50%。[14]令人懊恼的是，即便是这样的结果仍有人解释成"丈夫的临别赠礼"。不过，更可能的是这一地区的贸易以家庭为单位经营，女性可完全参与其中。即使在斯堪的纳维亚，也有证据表明女性可能在东部领地积极地参与贸易。比如，与比尔卡的一位女性一同埋葬的有一个砝码和一个装有阿拉伯银币的包，还有珠宝包括红玉髓珠、琥珀珠和可能来自匈牙利的镀金银吊坠。[15]

暂时不论比尔卡这位女性的勇士地位和职务，其中有一个很大程度上被忽略的要点，这个要点在很多方面对理解她生前所处的世界很重要。虽然墓中大多数有机物早已腐烂，但一些证明她下葬时所穿衣物的证据保留了下来。就在她的头顶，考古学家发现了帽子上的五个小物件。四件梅子状的应该是流苏，由精细的银线刺绣编织而成，银箔镶边。之前应该是挂在帽子上的缎带上，里面有某种有机物。第五件更引人注目：银箔制尖椎体，装饰着颗粒状图案，呈几何 V 字形排列的细小的银珠。椎体内发现了丝绸痕迹，这表明整个头饰可能是由此制成的。这与她的军事装备形成了鲜明对比：银与丝绸的精美和见血铁器的暴力相对应。

像这样的头饰在当时的瑞典很独特。再看其他可比较的例子，几乎可以确定这帽子是在第聂伯河地区制作的，也就是现今的乌克兰。这可能表明了两种情况。一是这位女性死时戴着帽子，因为这是较高地位的象征，可以区分她与其他在周围埋葬的人，将她与比尔卡的社会上层联系到一起。因此，服饰本身可能就象征着异国特色与财富，是展示她有能力得到且穿戴的最重要的信号。二是其可能直接象征着她自己与东方和第聂伯河地区的联系，如果我们先不考虑丈夫赠礼的可能。她可能在那里生活过，或者可能甚至是在外国长大的：她的牙釉质锶同位素分析表明她不是比尔卡本地人，尽管她儿时生活的确切地点还无法确定。早在Bj.581 号遗骸被确定为女性遗骸之前，就有人提出像这样的帽子

5. 瓦尔基里：河上女王？

是在罗斯统治者手下护卫获得的奖赏，有关这些东部维京人的内容随后再深入。那确定她的性别是在改变还是挑战这样的解读？还是反而有效支持了她生前勇武角色的说法？

当你察看所有证据时，会发现显然她并非唯一一位与东方有联系的女性，有阿拉指环的那位就是另一个。近来发现，丹麦一位女性墓中的斧是斯拉夫风格的，这一事实让一些人认定她是斯拉夫女性。鉴于比尔卡勇士的争论，这样的身份认定肯定应当要谨慎。但就像很多挪威女性与西方有联系一样，也有许多女性尤其是瑞典女性与东方有联系。结合科学依据，女性确实在斯堪的纳维亚迁出迁入的人群中，我们也的确无法将她们的作用排除在那些世界之外。我们必须仔细考虑她们所承担的角色，是不是勇士、妻子、商人、奴隶（或贩卖奴隶者）或冒险开拓者，或者，更可能随着时间的变化有着多重身份。一些人批判过于强调这些观点的人，说他们走错了方向，创造了一个虚构的维京时代女性主导的社会，是由 21 世纪的想法和情感促成的母系社会幻想。但这样的批判是不公正的也是没必要的。我们无法否认这些女性在维京世界的地位，我们也必须认真严格地审视我们考虑她们所起作用的方式。她们是不是河上女王尚不能确定，但不可否认她们确实在那里，是维京时代积极有效的参与者，尤其是在向东的旅程中。

6
主支：向东

萨尔梅　爱沙尼亚（Estonia）　约750年

　　我记得很清楚，几年前他玩的一场游戏，是在欢迎我们到访的盛宴之后，与另一位领主的比拼。我们都喝得很多。那晚长厅里说话声、音乐声声声不断，还有说不上好不好听的歌声和比手势时有力的呼喊声。我们大多都听不太懂对方的话，但不知怎的蜂蜜酒似乎解决了这个问题。他们玩特福游戏时我就坐在他的身旁。我知道他用的游戏套件很好，之前看他在一次远征中用骨头雕刻的。他说，这些从没给他带来真正的厄运：让他在需要赢的时候赢，在诸神决定对手更适合赢的时候输。这次看起来会是平局，气氛很紧张，周围一片安静，围了一圈人都在等最后的结果。我知道他让那位领主赢了，因为就在他要走最后一步时，他的主支部下被抓了。我看着他，他的嘴角微微上扬。

6. 主支：向东

奥斯特马尔：东海

异国物品进入斯堪的纳维亚不算奇怪，这些物品似乎反映了人的出行方向。虽然大多数来自不列颠和爱尔兰的物件是在挪威发现的，但在整个欧洲瑞典的迪拉姆数量仅次于俄罗斯。那些斯堪的纳维亚物品比如在英格兰发现的女性首饰随着出行者出国，也不足为奇。令人惊讶的是，在斯堪的纳维亚以外，在东方发现的斯堪的纳维亚物品要比在西方发现的多。[1]这一事实的确特别，许多观点强调的是我们通常谈论的维京人与向西冒险探索有关，而这一信息暗示了斯堪的纳维亚人与物向东的迁移远比向西的迁移程度和范围要大得多。要弄清楚为何如此，又是如何实现的，我们需要思考这一迁移的第一步：跨越东海。

今天的波罗的海与从前一样起着连接作用。最早有关世界北部边缘的地理记述是由古典作家塔西佗（Tacitus）、托勒密（Ptolemy）和约尔达内斯（Jordanes）所述，其中提到野蛮部落居于"波罗的海的岛屿"。虽然明显此中包括部分像哥得兰岛这样位于瑞典东南海岸的岛屿，但记述中也涵盖了2世纪古罗马地理学家托勒密所述并在地图上标记的斯堪迪亚（Skandia）岛——实际上就是斯堪的纳维亚半岛。自此之后文字记录大都没提及有关波罗的海的这些岛屿，直到890年在奥特尔与国王阿尔弗雷德的对话中以及另一位向国王报告行程的旅者伍尔夫斯坦（Wulfstan）的记述中才有提到。

伍尔夫斯坦是位商旅者，可能来自海泽比，他对所谓"东线"的记述保存在阿尔弗雷德翻译的罗马历史学家奥罗修的《反异教史》（*Historiae adversum paganos*）中。其中伍尔夫斯坦记述的这段旅程从海泽比开始到特鲁索结束。特鲁索是另一个商贸中心，位于现今的波兰。这段旅程显然用了7天时间，伍尔夫斯坦记述了他沿途走过的地方。同样地，根据编史者不来梅的亚当在11世纪中期的记述，从波兰沃林的奥得河口（Oder）出航到诺夫哥罗德和俄罗斯需要14天。显然，这些是众所周知的出行路线，会以惊人的速度带你从波罗的海的一地到另一地。这里，在这片曾被称作奥斯特马尔（Austmarr）的海域里，有个地方比其他任何地方都更能展现维京人对银的渴求，也触发和推动了他们如此多的冒险探索，那就是哥得兰岛。

1999年，在此岛北部斯皮林斯（Spillings）的一个安静的乡村农场，有了惊人的发现：两个有着惊人数量（67公斤）白银的

6. 主支：向东

宝库。在那附近还发现了第三个宝库，其中有 20 公斤的青铜，主要是些珠宝首饰。这一发现轰动一时，这三个宝库都埋在同一座建筑内或附近，可能是维京时代的谷仓或仓库。白银宝库中的铸币数量令人震惊，多达 14 295 枚，大多是阿拉伯铸币。最近的铸币于 870 年至 871 年铸造，刚好就在维京大军计划袭击雷普顿的前几年。主要作为珠宝首饰的青铜物件来自现在的爱沙尼亚、拉脱维亚和立陶宛。这些物件都放在云杉木的木箱里，有铁锁锁着。此外，斯皮林斯宝库并不是唯一的：这只是岛上发现的 700 多个宝库中的其中三个。在哥得兰岛发现的维京时代的白银总量现已超过 1 000 公斤，相当于一辆小型汽车的重量，其中有 168 000 枚铸币。铸币中有 23 枚罕见的波斯币，如此便直接将该岛与丝绸之路连接了起来。瑞典大量的阿拉伯铸币很多都是在哥得兰岛发现的银币。那为何有如此多的白银埋在地下，又为何埋在这里？

  这个问题的前半部分可能容易理解一些。看起来许多白银是有人带到岛上后几乎立即就埋在了地下，而不是在流通一段时间后埋的。最实用的解释是在维京世界的这里和其他地方如约克谷的宝库，这样是最直接的保护财富安全不受他人侵害的方法。在海外对方领地或冲突时期，这一方法尤为重要。有意思的是，像斯皮林斯这些地方，一些宝库可能埋在某人的家里，这表明可能每一代都有一个宝库。这是否意味着所有者遭遇了不幸，或他们非常富有不需要将宝藏寻回？有个说法或许可以解释为何要将宝库埋在地下：根据斯诺里·斯蒂德吕松所述，奥丁规定，如有人死后去瓦尔哈拉殿堂，他不仅可以带走火葬烧的东西，还可以带走他"埋在地下"的东西。也就是说，如果你要去战斗，将所有白银埋到地下宝库不仅能确保打胜仗归来后宝藏还在那里，如果战死也能将这些宝藏带到后世。

问题的后半部分更复杂一些，与哥得兰岛的地理位置有关。波罗的海在维京时代一直都是斯堪的纳维亚与东方的交通枢纽，而这个小岛就位于瑞典海岸附近的战略位置。距瑞典内陆约90公里，东边距拉脱维亚约130公里，该岛的军事重要性显而易见，也难怪成了东西交通的跳板。如果你去瑞典，在维京时代从斯德哥尔摩附近的港口乘渡船到这一中心的岛屿只需三个多小时。

哥得兰岛就像个独立的小世界，非常安静，有些与世隔绝。地势相对平坦，最高点仅高于海平面82米。岩石环绕着海岸线，甚至比常在斯堪的纳维亚南部看到的地方还有魅力。偶尔，浅水中伫立着雕塑般的岩石海蚀柱，像大自然自己的艺术陈设，上面覆有白绿相间的苔藓。你可能会发现一块隐蔽的沙滩，而在内陆你可以穿过繁茂的针叶林，到达海岸附近奇怪的浅湖。夏天，岛就成了热闹的旅游景点，瑞典人和更多远道而来的游客一同在这蜿蜒狭窄的鹅卵石道上走着。从围绕维斯比镇的中世纪城墙到散布在整个内陆的维京墓葬和如尼石刻，它的历史清晰可见。

虽然明显与斯堪的纳维亚的维京人有文化关联，但哥得兰岛更有自己的文化氛围，甚至在维京时代也是如此。由于其地理特点，该岛或多或少能自给自足，土壤和平坦的地势可农耕。四处散落着图案石，这是一种在斯堪的纳维亚其他地方都没有发现的雕刻品。上面的图案是载着旅人、勇士和骑着马的维京人的船，

6. 主支：向东

顶上还飞着神话人物。这些图案石较好地展现了一些同时期维京人的形象，而且也是描绘瓦尔基里为数不多的物件之一。一块石头上的一位女性很可能是瓦尔基里，她手持燃烧的火把在海岸等待，同时载满争强好胜的勇士的一艘装备齐全的航船正向海岸驶来。另一块石头上面是奥丁八条腿的坐骑斯莱普内尔（Sleipnir），骑在马背上的人可能是奥丁，也可能是去瓦尔哈拉的勇士，瓦尔基里为其递上了盛酒的兽角。

哥得兰的社会非常稳定和富有，没有国王或贵族的痕迹，只有在不断适应完善的贸易体系中懂得利用中间人身份的一群人。有了如此多外国来的资料，研究者便一直渴望弄清楚是否也有外国人来过这里。几年前，由加拿大和美国科学家组成的研究小组想要通过锶同位素研究墓葬的方式调研维京时代哥得兰人来自哪里。[2] 他们从岛上一个贸易港口里达纳斯（Ridanäs）7 至 11 世纪的墓葬中采集了 60 个成人的样本，想分析出其中有多少人是移民。结果令人惊讶：研究者得出结论，仅有 3 人在其他地方长大，其余人都是本地的。这一结果与考古证据不一致。岛上这么多进口物件一定也是外来人带来的吗？有解释说，来哥得兰岛做交易的人很少有成为这里永久居民的，他们是暂时流动的访客。也有人称，对许多人而言跨海的距离太远，无法进行大规模的迁移。了解了当时海上航行的情况，就知道这个说法不太可信。

然而，如果用分析古代 DNA 的方法研究维京时代哥得兰的人口，却完全揭示了其他的可能。哥本哈根的一个研究小组大规模地分析了维京人家乡的古代 DNA，也检测了哥得兰的墓，得出了截然不同的结论。与此前研究的其他维京遗址相比，他们发现岛上环境中的基因多样性最丰富；相对而言，研究者甚至用"极度"一词来描述。这表明与同时期斯堪的纳维亚大多数地区相比，哥得兰岛有更多样化的社群，有大量外来人口涌入。这一结果似乎更符合我们从考古记录中所了解的：有如此多的物品在各处交易，定有人随之一起，只是我们此前没能证明这一点。

基因证据表明这些外国访客并非都是在此短暂停留，也有许多留下来定居的。一个尤其有意思的结论是，岛上的基因信息更像那些在丹麦、英国和芬兰发现的基因，而不是瑞典人的。也就是说，可能如你所想，这里的人不仅仅是来自附近的瑞典内陆人。有趣的是，另一座近瑞典海岸的厄兰岛（Öland）也有类似的多样化情况。

那为何哥得兰的结果与同位素显示情况如此不同？有两种可能。首先，锶的证据可能有误导性。研究者能够表明的是这些人在岛上的预期值范围内，但他们没能排除那些在其他类似地理环境中长大的人，那些锶值与哥得兰岛水土锶值接近的地方。事实上，雷普顿的大多数墓葬也符合哥得兰岛的数据，这意味着我们无法排除混淆移民身份的可能。其次，基因数据给我们的信息可能追溯了许多代，无法确定这些人是何时迁移的。但综合生物考古证据也确实能支持维京时代哥得兰岛人口多样性和国际性的情况。

想到流入的所有白银，想到在其他地方用奴隶来换白银，那我们要解答的问题就是哥得兰岛是否也被纳入了利润丰厚的奴隶贸易中。如果我们设想西方白银直接与奴隶贸易相关，那这里的情况可能也是如此。与其他长距离交易的商品一样，受奴役的人

6. 主支：向东

定要经过哥得兰岛和波罗的海地区的港口。我们知道奴隶是哥得兰社会构成中的一部分，是因为古塔法（Guta Law）。这是13世纪早期成书的一部哥得兰岛法典，讨论了各种情境下涉及奴隶及应如何对待奴隶的事项细节。比如，当时必须格外确定作为奴隶不该在假期工作（当然这是改信基督教后），否则其主人会被罚款而奴隶还要额外加三年劳役。法典的另一部分还详细说明了退回规定：可以买一个奴隶试用六天，如不满意可以退回。这样的规定中被奴役的人本质上就是无生命的物品。虽然这些法律规定可追溯至13世纪，但这些做法可能是从维京时代延续下来的。

你也可以说哥得兰岛的巨额财富似乎相当可疑，即便是对社会中成功的农人、商人和中间商而言也显得不真实。一位作家将哥得兰岛尤其是维斯比镇比作北方的威尼斯，在这里商业寡头把控波罗的海沿岸富庶繁荣的贸易便可致富。显然，哥得兰岛与波罗的海是中西交往至关重要的连接。由此，我们开始可以看到这些河上国王是如何完全参与到这贸易网中的，而最终我们理解这颗红玉髓珠如何以及为何最后可抵达雷普顿的关键也是这张网——丝绸之路。

向着丝绸之路

"丝绸之路"一词自19世纪开始使用，当时德国地质学者费迪南·冯·李希霍芬（Ferdinand von Richthofen）用此词命名已有一千年历史的贸易路线交通网。这一贸易网被称为"世界的中枢神经系统"[3]，对世界历史发展有深刻影响，但至少在西方也常被忽略。然而，在研究8至9世纪的欧洲发展尤其是从斯堪的纳维亚开始的向东扩张时，非常重要的是要了解这些变化并非孤立发展的。非但没孤立发展，反而斯堪的纳维亚人非常巧妙地借用了数千年前就已建成的贸易网。他们能成功，其创业精神和对具体供需体系的应变能力起了关键作用。当然，暴力也有至关重要的作用。

正如我们所知，丝绸贸易及丝绸之路贸易网的起源是在公元前1世纪的波斯和中国两个亚洲帝国。主要催化剂是当时的中国尤其是汉王朝（公元前202年—公元220年）时期与草原地区各游牧部落之间的冲突和贸易联系。辽阔的平原覆盖亚洲中部，在这里缴纳贡金很普遍，皇帝会将奢华的礼物赠予各部以换取草原的和平。[4]这些礼物中包括大量丝绸。丝绸因独特性和高品质而受珍视，也是中国可以大量生产的物品。随后，丝绸便不仅用作奢侈品，也开始直接用作货币，这在铸币几乎没有使用价值或完全没有使用价值的地区更为有用，谷类或其他食品等易腐品则易受多因素影响。再向西，在公元前1世纪的时候丝绸首次被引进了罗马帝国。作为奢侈品，丝绸一直很受欢迎，这也是推动贸易路线从远东向欧洲延伸的一个主要要素。然而，虽然丝绸在这些网络的发展中有重要作用，但很快便成了沿这些路线各处交易的许多商品中的一件。重要的是，丝绸之路不仅可以运输物品，还便于中西方之间思想、文化和宗教的交流。

当然，维京人不是第一批连接丝绸之路或地中海东部地区的北欧人。但有一点很明确，从波罗的海的侵袭开始形成了一条此

6. 主支：向东

前西欧大国从未使用过的东进路线。虽然所谓黑暗时代的来临意味着罗马帝国建成的网络不再以同样的形式存在，但这并不意味着后罗马时代的英格兰和欧洲大陆无法与东方进行贸易往来，事实远非如此。在英格兰萨福克郡（Suffolk）萨顿胡（Sutton Hoo）的一处7世纪盎格鲁-撒克逊的船葬中有精致的拜占庭银器，而在5、6世纪的欧洲西北部来自印度和斯里兰卡的石榴石相对较多。在7世纪斯塔福德郡（Staffordshire）精致的宝库中，许多极好的鲜红石榴石就装饰在武器配件上，这些可能是迄今为止发现的中世纪早期最精致的收藏，而且石榴石在其他盎格鲁-撒克逊的珠宝上也是较常见的。当时的石榴石贸易经由地中海往来，主要依靠与欧洲大陆尤其是与法兰克的联系。像红玉髓珠一样，石榴石等奢侈品也尤为适合帮助我们追踪长距离的联系。

斯堪的纳维亚与丝绸之路更为深入的联系可以追溯至维京时代以前的所谓迁移时期。但在维京时代的开始发生了些什么，推动其向东延伸？又是什么造成了连锁反应，以至于一直向北影响到了斯堪的纳维亚半岛？

虽然这一时期通常（不太公平地）被认为是英格兰和西欧大部分地区的黑暗时代，部分由于罗马帝国衰败后的财富明显流失和发展明显受制。但当时东方的情况却大不相同，那里是黄金时代。对这一繁荣至关重要的是762年作为哈里发帝国阿拔斯王朝首都的巴格达（Baghdad）的建成，而当时距推翻倭马亚王朝仅过了十多年。巴格达迅速成了丝绸之路贸易的中心枢纽。这是多元文化和多语言交流的首都：在这里，可以交流、获取信息和知识，也是在这里带着远至中国、中亚消息的商人和贸易伙伴与能读会写著作的著名科学家、地理学家、史学家还有其他学者交融在一起。西方很快融入了这样的多元文化与广泛的贸易往来中，在欧洲也形成了贸易网络。800 年，法兰克的查理曼受教皇加冕神圣罗马皇帝（Holy Roman Emperor）[①] 时所收的礼物便很好地印证了这一点：他收到了阿拔斯王朝哈里发哈伦·拉希德（Harun al-Rashid）送来的印度象。这头象原属于印度一位王公，后从北非的港口经海运运到了比萨（Pisa）。

与哥得兰岛发现的宝库一样，这些铸币宝库可以真正让我们追寻这些变化如何影响寒冷黑暗的北方遥远之地：据说，迪拉姆的发现表明维京开始向东扩张，因而第一个建立的关联地就是现今的俄罗斯。多年来，钱币收藏者花了大量时间和精力归类在斯堪的纳维亚发现的迪拉姆宝库。铸币可分为好几类，最早的是在俄罗斯和斯堪的纳维亚发现的，里面主要是阿拔斯王朝铸造的迪拉姆。这些铸币来自中东、中亚还有北非的许多地方，比如有的来自位于现今突尼斯的阿巴斯亚（al-Abbasiyya）。另一些主要是来自中亚波斯王朝的萨曼铸币。研究宝库时，钱币收藏者大多数时间都用在了试图通过某个具体收藏重构其历程与接触情况上。然而，这可能有些问题。哈里发帝国没有控制迪拉姆的流通，这意味着特别是由于铸币本身就有对应的重量且含银量较高，所以

[①] 神圣罗马帝国是中欧与西欧各国和政治统治的联合体，主要涵盖现今的法国、德国和意大利的部分地区，存在时间为 800 年到 1806 年。严格而言，查理大帝的头衔应该是"上帝加冕的最尊贵的奥古斯都（Augustus），伟大和平的皇帝，罗马帝国的统治者查理（Charles）"。

文中认为神圣罗马帝国历史时期自查理曼加冕为神圣罗马皇帝开始。——译者注

6. 主支：向东

几乎在任何地方都可作为法定货币使用。

第一批阿拉伯铸币是在 8 世纪晚期或 9 世纪早期到达斯堪的纳维亚东部，到了瑞典的比尔卡和丹麦的里贝（Ribe），约 786 年到了俄罗斯的旧拉多加。到俄罗斯的这些是已知到达波罗的海附近的最早的一批东方铸币。最早在欧洲边境地区发现的阿拉伯铸币来自高加索地区，也就是现在的俄罗斯南部地区和亚美尼亚、阿塞拜疆和格鲁吉亚三个国家。这可能成为后来阿拉伯哈里发帝国与东欧间贸易链的第一个节点。

这里也是向东扩张开始的地方，而为何在 8 世纪下半叶开始也有原因。当时由于政治环境趋于稳定，高加索北部的哈扎尔人与哈里发帝国的阿拉伯人之间确立了和平关系[5]，贸易关系得以在欧亚大陆这一区域发展。这意味着阿拔斯王朝与亚美尼亚等地间的贸易可以蓬勃发展，也就使得这里和北非铸造的大量迪拉姆在这一地区流通起来。

显然，政治问题会影响北方的相对铸币量，就像每种铸币供应会受铸币产量起伏的影响一样。比如，9 世纪上半叶，因哈里发哈伦·拉希德儿子之间激烈的战争，哈里发帝国的铸币数量骤减。哈伦·拉希德（补充一下，可能《一千零一夜》故事的一些灵感来源于他）当时决定将帝国分给他的两个儿子。结果证明这是个非常糟糕的想法，因为在他死后，809 年内战爆发，兄弟俩为争夺统治政权，打了很长一段时间的仗。与此同时，伊斯兰世界还承受着逊尼派与什叶派穆斯林间宗教冲突的打击。两大事件影响了铸币铸造，波及了北方。因此，能找到的当时的宝库数较少，也反映出当时并非缺少联系而是缺乏供应。

同理，供应的变化可能也会由更多自然原因引发，比如9世纪末在阿富汗发现了巨大的银矿床。892年，萨曼王朝埃米尔开始在中亚大规模开采银，这对海外白银交易有积极影响。大量铸币在位于奥克苏斯河（Oxus）北边的贸易城市布哈拉（Bukhara）和撒马尔罕铸造。哈里发帝国铸币所用白银通常来自最近的矿山，且产银量非常高。比如，也门的银矿每周大概可造2万迪拉姆，每年造大约100万。[6]白银出口一直持续到约965年，那时银矿似乎或多或少有些枯竭。随着哈里发帝国矿银供应的减少，铸币商开始降低银价，减少铸币中的银含量，以便维持下去。在英格兰和斯堪的纳维亚发现的铸币上的测试划痕便证实了维京人对这些做法的了解。

萨尔梅

钱币证据清楚地表明，到800年，也就是维京劫掠林迪斯法恩的七年后，通向东方的路线就已开通，这一事实远比间断性袭击西方的报道要重要得多。尽管规模比我们之后看到的要小一些，但当时波罗的海周围的节点已确立，贸易已开始沿着东方的河流进行，经这样的贸易最后将大量的白银转移到了北方。但是谁参与了这一旅程，与西方进行交易？在斯诺里·斯蒂德吕松的传说故事《伊林格萨迦》（*Ynglinga saga*）中有提及这一地区：一位瑞典的国王英格瓦（Yngvarr）劫掠了波罗的海，去爱沙尼亚打了场仗。爱沙尼亚人数众多，英格瓦战败而亡，他被埋在了海边的墓

6. 主支：向东

里。他战死的地方被称为希思拉（Sýsla），可能是古北欧语萨拉马岛（Saaremaa）的缩写。就是在这里，在一个被称为萨尔梅的海边小村庄里的近来发现，为我们提供了许多有关早期东方旅者的一些重要线索，如果他们是以可怕的方式去东方的话。

萨拉马位于波罗的海东岸附近，像个很小的瓶盖盖在了里加湾（Gulf of Riga）上。里加湾是经道加瓦河（Daugava）进入河流网的入口，可由此从内陆去东部河道。你到萨拉马时，除了苏联时代纪念红军阵亡士兵的纪念碑，别的几乎看不到什么，旅客只能在丛林中穿梭，欣赏一望无际的波罗的海。瑞典和芬兰距这里不到一天的航程。

直到 2008 年，人们还几乎没有发现这里的考古价值，但那年道路施工的一次偶然契机中有了不寻常的发现，这才让这个安静沉睡的萨尔梅村庄出了名：不是一艘而是两艘装满文物和人的遗骸的船。[7] 经证实这两艘船并非沉船而是有意布置的葬船，从距海岸大约一百米的地方拖到这里，标注有墓葬或其他指示标记。多年来，风暴侵袭沿岸，最后船只被冲上海岸的沉积物完全覆盖。如果最初在地面上可见，或以某种方式进行了标记，但随着时间推移，沙质沉积物的堆积覆盖，对这里的了解也会被渐渐遗忘。

这些船挖出来时，显然是与维京人有关的重叠搭造样式。两艘中的第一艘较小一些，是一艘有六对桨的船。船体里埋有七具高大年轻男子的遗骸。至少两具是坐着的，就好像仍在旅途中，周围有陪葬品（遗憾的是，最先发现船的建筑工人因过度激动移动了这些物品而没记录其最初的位置）。有你能想到的这类墓葬中典型的物件：两柄剑、长矛、箭头、刀和斧，甚至还有经过装饰的鹿角梳。在附近还发现了动物遗骸，可能是葬礼盛宴的残余或带到后世的献祭品。值得注意的是，其中有两只斩了头的鹰。

两年后，开始挖掘第二艘船，结果发现这也是迄今为止发现的最壮观的船葬。船本身很大，约17.5米长，有便于航行的龙骨，这样的大小通常可容纳约30名船员。埋于地下一千多年，船体大部分已腐烂，所以仅剩的只有几排铆钉，就像在雷普顿等遥远地方发现的船钉一样。船的主干框架反映了里面悲惨的情况：至少有34具人的遗骸，在一角堆了四层，"像堆柴火一样"，最底层的人横躺在船上，其余三层均与下一层呈直角摆放。这肯定是集体墓葬，也是表明灾难性悲剧事件的证据。这些人都是较高且相对年轻的男性，可以看到许多受了刀伤，有些则是被砍了头。

毫无疑问，他们死得痛苦，但从墓葬能看出他们的葬礼是精心安排且恭敬有礼的。虽然这些遗骸堆在一起，却是有序安置的，而且两艘船上的遗骸其脱离或受损的部位都被精心安置在了对应位置，有时几乎是有些夸张的还原。其中一位年龄在25岁到35岁之间，下葬时头朝向左侧，左手在头下面，右臂伸展。挖掘者在其右臂下发现了装饰精美的剑柄，由镀金金属所制，剑柄圆头上镶着宝石，一旁放着献祭的狗头。这位男子是不是狗的主人，要将他忠诚的朋友带到后世去？锶证据表明这只狗与其他几只埋在船中的狗都曾随这些人远行。不论原因为何，毫无疑问埋葬他们的方式是与他们死后命运相关的信仰体系中的关键部分。或许这样也是为了给来观看葬礼的人传递一种信息。

如果墓葬情况很特别，那么陪葬品也会如此。第二艘船中总共有40柄剑，其中许多镀了金或嵌了珠宝。墓葬上覆着盾牌上的

6. 主支：向东

铁饰扣和可能是船帆上的羊毛织物。遗骸中还发现了梳子、剪刀、珠子、挂锁，甚至还有熊牙吊坠，而另一具被切成两半的狗骨也在船体内。有许多箭头仍卡在盾上或船舷的木头中，这反映了船上的人命定的最后旅程。有意思的是，遗骸中还散落着一些鲸骨或海象牙制作的游戏套件。在较小的船中，至少找到了两组以上套件中的 75 件，还有三个鹿角骰子。较大的船中最底层的一位的大腿上放了一整套套件，而另一位的头部附近有几件，最后发现的一件顶上有金属针，可能代指游戏中的国王，放在这位的齿间。两艘船上总共有 326 件。

　　在这一类型的墓葬中有这么多件可能并非巧合。虽然在枯燥、漫长的航船旅程中或在德比郡泥泞地冬季扎营的几个月中，游戏可能是消磨时光的一项重要消遣，但其在维京时代社会中的战略与外交两方面也有重要作用。实际上，游戏套件常被放置在武器坑或船葬中便证实了这一点。在比尔卡的 Bj.581 号墓中也有一整套，可用以证明女墓主在军事战略规划中的作用。有国王棋子在逝者齿间的萨尔梅墓葬令人忍不住回想：这位是不是领主或者这个棋子是不是象征着被俘的敌人？甚至在北欧神话中也有棋盘游戏：在描述世界起源与终结的冰岛诗歌《瓦络斯帕》（*Völuspá*）中，可以看到埃吉尔和诸神在创世之初玩着金制的游戏套件，直到游戏被巨人粗鲁地打断。世界的终结诸神的黄昏（Ragnarok）之后，诸神讨论是否会在新创造的世界的草地上找到金制的游戏套件。现世之人也会非常认真地对待游戏。根据萨迦所述，11 世纪的丹麦、挪威和英格兰的国王克努特（Cnut）在输了局游戏后杀死了他的妹夫乌尔夫（Ulfr）。

那这些人是谁？与他们一同埋葬的物件不是本地的，但与斯堪的纳维亚各地发现的有类似之处，其中许多与在瑞典内陆发现的类似。为了找到答案，科学家进行了锶同位素分析，结果相当确定。[8]首先，证实了大多数人来自地理环境非常相似的地方，确定不是爱沙尼亚本地人。就像这些物件表明的那样，他们的分析数值的确与瑞典内陆人（可能是梅拉伦地区，就是比尔卡的所在地）的数值匹配。我们知道这里在之后与瑞典有些联系，一些可追溯到11世纪的如尼石刻记述到，人要么去了爱沙尼亚［有时这些人也被称为艾斯特法瑞（Eistfari），意为"爱沙尼亚旅者"］，要么死在了这里。科学家得出结论，其中有个例外情况，有一行五人可能是本地人或者来自哥得兰岛。

几年后，作为大规模维京研究的一部分，哥本哈根研究小组分析了这些遗骸的 DNA，发现了更多秘密。结果表明，总体上这些人的血统是斯堪的纳维亚的常见类型。重要的是，就像同位素表现的情况一样，他们的血统彼此间也非常相似。也就是说，他们归属于非常具有同质性的人群，与同位素表明的情况一致。但就在寻找逝者间的亲属关系证据时，遗传学家发现了最不寻常的地方：事实上，其中有四人是兄弟，不仅如此，他们四人还是并排埋葬的。不远处的遗骸是三级亲属，可能是表亲。与雷普顿的父子一样，这可以证明这些抢掠也是家族事务。这样便很容易认为这些墓葬可能与瑞典国王英格瓦的死有关，但无法找到证据。

萨尔梅墓葬似乎不是一场寻常战争的最终结果。给逝者陪葬的是装饰华丽精美的高级武器，他们穿着华美，随身带着用鲸骨和海象牙等贵重材料制成的游戏套件。动物遗骸也很重要，有鹰

6. 主支：向东

和狗。这些动物会不会是在一次日常劫掠战争中跟随着这群人？挖掘者并不这样认为。他们认为是某个外交任务，可能是由一队精英勇士来执行或陪同的。

毫无疑问，当时外交和谈判体系已经较为完善了，这点在一些8世纪的西方资料中有一些暗示。比如，在林迪斯法恩袭击之后，学者阿尔昆在写给当时的林迪斯法恩主教希格巴尔德（Higbald）的两封信中的第二封里，提到他要去找查理曼求助，解救袭击修道院的维京人俘虏的青年。这揭示了两件事：维京人带走人质或奴隶较为普遍且为众人所知；更重要的是查理曼可以用某种谈判方法帮助解救他们，很可能是通过外交联络的方式。

即使不是危机情况，谈判者和中间人的出现也一定较为普遍。他们还会充当翻译的角色，做文字翻译和地方习俗、宗教以及文化特色的向导。这些物件可能是分享的外交礼物，礼物交换一直都是建立和维护关系的重要组成部分。维京时代前几十年的异国物件都完全可用这样的方式来解读，比如在瑞典黑尔戈发现的科普特（Coptic）碗和在英格兰发现的盎格鲁-撒克逊时期的物件，甚至还有在萨福克的萨顿胡墓葬中发现的拜占庭物件。

同理，联姻可能通常也出于外交原因，历史记录中有无数这样的事例。毕竟，比起建立表面关系，有什么比通过新一代和后代建立血缘纽带更好？没有什么比"家族"一词更能代表联盟。

这让我们想到了发现的许多与东方有联系的女性墓，这些会不会是以外交名义有意联盟的结果？我们有的文字记录中，不乏像这样的较高社会阶层中的婚姻。比如伊马尔（Imar）之孙都柏林的维京领主斯特瑞克（Sithric）。伊马尔创建了爱尔兰伟大的伊马尔王朝，自 9 世纪开始统治爱尔兰海的大部分地区。斯特瑞克之后成了诺森布里亚的国王，并于 926 年娶了阿瑟尔斯坦（Aethelstan，也被称为第一位英格兰国王）的妹妹，有意建立维京人与盎格鲁-撒克逊人之间的联盟。

不论埋在船中的是谁，对他们而言尤为重要的是年代。船可追溯到维京时代顶峰时期，约 750 年，比那些火红的龙焰出现在林迪斯法恩的上空早数十年。这有两个关键原因：首先，因为这艘更大的船很可能是这个地区最早使用帆的船，通常认为这样的技术改进是在维京时代出现的；其次，因为这一墓葬有很多我们认为的典型维京人的特点，但体现的是早期特点，且位于波罗的海而非西方。正如铸币证据所表明的，当时出现且迅速发展扩张的贸易路线都是基于更本地化的已建成的网络。8 世纪晚期开始的涓涓细流般的白银流很快便成了海啸般的洪流，就像淘金热一般。在维京时代，波罗的海东部本身倒不像是最终目的地，反而更像是通向东方的门户。贸易城镇不仅是便捷的停靠地，还是已建成的广泛网络的节点和更广泛协作的一部分。而早在维京时代之前就在波罗的海附近出现的那些较小的贸易城镇，对了解长距离网络如何能如此快速地发展起来至关重要。

东方定居者

在这里，波罗的海的海岸边，是通向更古老东方路线的门户，这些路线可以带你沿河穿越欧洲东部到南部。到 11 世纪这一体系

6. 主支：向东

似乎成了波罗的海本身的延续，因为在不来梅的亚当的记述中，他说海延伸到了西徐亚（Scythia，泛指黑海东北部及去往中亚的内陆）人的区域，甚至到了希腊。希腊史学家希罗多德（Herodotus）说西徐亚"除了河流，几乎没有什么特别的地方，河流比世界任何地方都更多更宽"[9]。

如果看今天的地图，似乎不可能坐船从波罗的海一路航行到黑海。虽然有细细的蛛网般的河流网可穿过草木丛生的平原，但你用手指指不出一条由北向南的清晰路线，确实没有一条似乎可以让整个舰队通航的路线。从斯堪的纳维亚到乌克兰，你必须要借用涅瓦河（Neva）、沃尔霍夫河（Volkhov）、洛瓦特河（Lovat）和德维纳河（Dvina）等构成的广阔河网，穿过波罗的海北部的贸易城镇，穿过诺夫哥罗德。这一路线需要你在许多地方从一条河转运到另一条河，在这些地方船也需要从陆上转运。9世纪的情况也是如此，但到了不来梅的亚当记述的时候，这些路线已经非常完善了，发展成了供给白银贸易的两条主干线：伏尔加河与第聂伯河路线。

这所有开始的方式不止一种，都始于被称为旧拉多加的地方，或者冰岛萨迦中的阿尔德加博格/阿尔德加（Aldeigjuborg/Aldeigja）。这里是随伏尔加河流向里海以及随第聂伯河通向黑海的两条路线的起点，也是有证据证明有斯堪的纳维亚人迁入的第一个真正的东方定居点。现今的旧拉多加是个在沃尔霍夫河河岸边安静的内陆村，从圣彼得堡向东过去约2个小时的车程。如果你想从斯堪的纳维亚乘船去那里，可以航行到波罗的海的极东找到涅瓦河的河口，再迅速穿过拉多加湖和沃尔霍夫河的南侧。航行中你会看到沿河岸上散布的墓葬，不同的形状代表着不同的丧葬传统。

从一开始，阿尔德加博格就是个融合不同民族、文化和种族的大熔炉。第一批到这里的定居者是斯拉夫人与芬兰-乌戈尔人，他们中许多人的生计主要依赖向中亚延伸的这片茂密森林。到8世纪中期，随着商品贸易与人的迁移正式开始，旧拉多加发展成了维京人与丝绸之路之间的最早的连接地。有证据表明斯堪的纳维亚人是从约750年开始出现在这里的，还有大量手工艺品的证据：有可能用作作坊的大木屋，工匠在这里用玻璃、青铜和鹿角等材料制作。这里还会有流动的工匠，比如在波罗的海附近各地做工的制梳匠。还发现了些织物碎片，像是斯堪的纳维亚人穿的衣服上的，再比如，皮鞋类型与挪威"奥赛贝格"号上的女性穿的鞋类似。旧拉多加也有散落的游戏套件。之后的9世纪有人在这里掉落了一个物件，于1950年被发现，是个奇怪的木制纺锤定盘，上面如尼刻文的翻译说法不一。

这里长距离贸易的首要证据是迪拉姆和进口的玻璃珠。后来发现了红玉髓珠和奇怪的甲虫状红玉髓吊坠，与在里海附近的比尔卡和达吉斯坦（Dagestan）发现的那些相似，这是证明与北方和南方都有联系的依据。有意思的是，这里早期的定居地似乎是和平安宁的，因为在刚出现的第一个150年里城镇周围没有防御工事的痕迹。没有像比尔卡那样的防御军队，也几乎没有发现什么武器。旧拉多加早期的生活似乎是安宁的。

所有这些证据的价值在于，在8世纪有广泛联系的区域里有个显然是斯堪的纳维亚人的定居地，且这里既发展手工业也开展贸易往来。不久后，类似的新兴城镇开始沿河道网出现。如果从

6. 主支：向东

旧拉多加沿沃尔霍夫河继续向南，最后会到伊尔曼湖（Ilmen）。看到河岸上许多长满青草的小山包就说明到了，这些小山包看起来像是许多小岛组成的群岛。这恰是后来此地命名与维京人相关的来源：霍尔姆加尔德尔（Holmgardr），源于斯堪的纳维亚语的holm（"霍尔姆"）一词，意为"岛屿"、"小岛"或"半岛"①。9世纪定居地鲁里科沃戈罗迪舍（Rurikovo Gorodische）就建在沃尔霍夫河与伊尔曼湖交汇的主要十字路口。

但那时发生了一些变化。与早期的旧拉多加形成了鲜明的对比，鲁里科沃戈罗迪舍一开始就戒备森严。那时已不再是和平时期的手工艺品交易，现实情况已经升级变化。旧拉多加当时加强了防御，且加强防御的定居地也开始在其他地方出现。从伊尔曼湖出发有两个方向的路线：向东可到伏尔加河，最后到里海，或向南经第聂伯河通向黑海。不论哪个方向，我们都深入了河上国王的世界，就像文字资料中记述的那样，也称他们为罗斯人。

---

① 之后这个名字转指更有名的诺夫哥罗德（"新城"）。

第三部分 东方

7
颈环：罗斯人的故事

伏尔加河　约938年

　　穿好衣服后，她会小心地戴上颈环，一次一只。她要确定后面戴的比之前的要稍大一些，这样每只颈环才能紧挨着叠起来，整齐地放在她的胸前。她用一根手指沿着螺旋表面慢慢地滑，一圈一圈，小心地避免在光滑的金属表面留下油指印。她喜欢在这样的傍晚看着它们，因为她知道在仅有火光的昏暗地方每个见到她的人看到它们反光时的情景，在烟雾弥漫的屋子里金属闪着微光。那时他们都会知道每只颈环价值多少，而她忍不住想要向他们炫耀。她期待等她的丈夫从米可拉加德（Miklagard）回来能带给她更多颈环。他们应该很快会回来，因为树叶已开始掉落，空气也变得凛冽。今早屋外的那桶水上覆了一层透亮的冰。侦察小队受命到下游察看，因为有传言说急流附近在酝酿着些什么。期待着满载财物的船只的人并非只有他们。

7. 颈环：罗斯人的故事

罗斯人

开始研究维京人向东的旅程时，有件事很快变得明晰起来。在地图上，这一区域遍布的各个地点沿着随地势蜿蜒的河流呈现出清晰的分布，从北边的波罗的海与南边的黑海向内延伸到广阔的内陆。这些王国无疑属于那些控制河流且重要的是知道如何在河上航行的人。我们知道有相当多对这些旅程的记述，但不是在考古文献中而是在部分虚构的文字记述中。这样我们可以特别从两个视角观察河上国王。萨迦中大多是写于 12、13 世纪的冰岛故事（可能受真实事件启发，也可能不是），提供了去往这些地方的旅程故事。我在学校了解到的时候觉得这些故事似乎有些异国特点：加罗特阿里基（Garðaríki）、米可拉加德和塞尔克兰（Serkland）三地现今已知分别为俄罗斯、伊斯坦布尔和可能所指的阿拔斯哈里发帝国。在中世纪作家的心中，这些地方满是财富且美丽。在华丽的宫殿和市场上有奇异的动物、辛辣的香料和五颜六色的水果，人们则穿着非常特别的衣服，说着神秘的语言。

与此相比，也留存有穆斯林旅者的记述，这些旅者沿东欧河网遇到了高大金发的北方人。在一些穆斯林的资料中，维京人被称为"马杜斯"（al-Madjus），意为"崇火者"，这是一个常用来代指异教徒的词。记述中从外来人视角描述这些人，通常强调令作者震惊的野蛮而特别的习俗，而这些与他们在更文明的东方较复杂而细致的行为形成了鲜明对比。从这些故事中，我们了解到维京人如何进行贸易，甚至知道了他们如何赚取迪拉姆来给他们的女人买珠宝，其中也包括珠子。还有他们的女人如何佩戴银颈环，以及用人祭为领主精心安排的葬礼。重要的是，我们还了解到奴隶贸易以及维京人利用市场缺口作为草原部落间的中间人填补缺口的突出能力，比如在哈扎尔人与繁荣的伊斯兰世界之间。

但在东方和阿拉伯的记述中，北方人不再被称为维京人。他们毫无破绽地变成一个新的群体：罗斯人。恰巧，这个名称很大程度上分隔了东西方，而这在某种程度上与现今的政治有了复杂的关联。维京人与罗斯人是否为同一群体，这个问题几十年来一直对东欧各国有着重要意义，但这也可能是至今东部的维京人与西部的维京人如此疏远的一个主要原因。新的发现开始挑战这个现状，但在此之前，我们需要考虑这些书面资料。

罗斯人首次在文献中出现是在一个意想不到的文献中——《圣贝尔坦编年史》。根据这部编年史所述，839年5月18日，有位使

7. 颈环：罗斯人的故事

者到了法兰克皇帝"虔诚者"路易（Louis the Pious）的宫廷。当时，路易在因格尔海姆王宫（Ingelheimer Kaiserpfalz）听政，也就是在邻近美因茨（Mainz）的莱茵河畔的因格尔海姆皇家府邸。这座富丽堂皇的宫殿里有与神圣罗马帝国皇帝和查理曼之子相称的财富。那天走进殿门的使者来自拜占庭，与他同行的一队人自称罗斯人。

他们带着华美的礼物和一封拜占庭皇帝西奥菲勒斯（Theophilus）的信。信中有一个特别请求，和这些与希腊人同行的人有关。除了通常热情洋溢的赞美和继续两位君王间情谊的宣言之外，西奥菲勒斯请求允许这些罗斯人安全地通过法兰克，因为他们是被"他们的国王"派到这里寻求建立友谊的。他还恳求路易，如果他们需要的话帮助他们回家，西奥菲勒斯在信中说到，因为他们经由一条非常危险的路线抵达君士坦丁堡，"经过了最凶猛野蛮的原始部落"。我们不知道这些部落是什么人，但我们可以确定他们通过河道网穿越了东欧。

"虔诚者"路易起了疑心。尽管他的拜占庭盟友显然对这些人很信任，但他质疑他们此行来法兰克的动机，怀疑他们并非寻求友谊的旅者而很可能是来暗中窥探他的王国的。进一步询问他们的背景后（此前从未听过这些罗斯人），路易最后发现他们是苏昂人或者说瑞典人。也就是说，他们就是我们所说的维京人。安全起见，路易决定将他们留在因格尔海姆一段时间，直到哪天能发现他们真正的动机。他给西奥菲勒斯回信告知这件事，威胁说如果他发现他们有不好的意图，就要把这些人送回拜占庭皇帝那里处理。

到了这里，资料中便没有再说这一特别人群的命运。不知道他们是否安全回了家，也不知道这些特别的罗斯人来自哪里。记述中说他们是瑞典人是当时描述种族的通常说法。虽然路易显然对罗斯人不熟悉，但他却熟悉维京人和瑞典人：他支持传教士安斯加尔（Ansgar）去比尔卡的旅程，且仅仅几年后他还试图让这些人改信基督教。也许正是这样的认识，加上他当时正在应对不愿改变信仰的异教徒，这才让他起了疑心。

现今大多数人认为 Rhos（"罗斯"）一词源自古北欧语的 róa，意为"划船"。最后简化为古芬兰语中芬兰人用于描述划船船员的 roðsmenn：他们在东部领地遇到的用船迁移的斯堪的纳维亚人。在北方的书面资料中，比如萨迦和游吟诗，东边的目的地共同被称为"奥斯特尔韦格"（Austrvegr），即"东方的路线"。这个词常在斯堪的纳维亚发现的如尼刻文中出现，其中许多写着"奥斯特尔韦格"（austervegi）或简称"奥斯特尔"（austr），意为"东方"，且大多没有更多的地理信息解释。但在大多数情况下，这一描述已足够清楚。

我们现在认为的俄罗斯的名字主要源自冰岛萨迦中的"加尔达瑞克"（Gardarike），第一个元素 gorod 源自俄语中表示要塞城镇的词（这个词也源于北欧语表示"要塞"或"定居点"的词），而 -rike 意为"王国"或"领域"。也就是说，意为城镇的王国。之后"加罗特阿"（Garðar）成了这整个东部地区的简称，有定义说是"北极与黑海之间、波兰与乌拉尔之间的整个区域"。有时会用另一个名字，即泛斯维特焦特（Greater Svitjod）或泛瑞典（Greater Sweden）；在《伊林格萨迦》中，斯诺里·斯蒂德吕松

7. 颈环：罗斯人的故事

说这一领地向北可到黑海，说明了一些人所说的这里不比"撒拉森王国"即北非小。无论如何，罗斯人的领地广阔这一点令人印象深刻。

相对是同时代的对罗斯人及其领地的描述是 10 世纪阿拉伯作家伊本·吕斯塔（Ibn Rustah）给出的，他的作品主要基于可能是其 9 世纪晚期创作的一篇记述。内容如下：

> （他们的中心地带）是个湖中岛，他们住在那里，去那里要三天，要穿过森林和满是树丛的沼泽，在潮湿的沼泽一只脚踩上都会摇晃……他们劫掠了萨加拉巴（Saqalaba，斯拉夫人），乘船外出找他们，将他们囚禁，运送到哈扎尔人和保加利亚人那里，在那儿和他们做生意……他们没有耕地，只能吃从萨加拉巴带来的东西……他们唯一可做的是买卖黑貂、灰松鼠和其他动物的皮毛，在这些交易中他们赚取金银，并将赚来的财物装进腰带（或挂包）里。[1]虽然这里不是岛，但通常会认为这指的是旧拉多加或者更可能是伊尔曼湖周围的某地。

这里就是维京人进行贸易、抢掠和定居新领地的起点或可能的中心地带。从书面资料看，几乎可以确定的是罗斯人在 9 世纪初就在这些地区有了自己的一席之地，这也与考古证据吻合。但证据没能告诉我们是奴隶与皮毛交易特别吸引和驱使了他们，最终才让大量白银流进了北方。他们在这里去过的地方与他们在西方去的地方形成了鲜明对比，最重要的是，这些平原没有在法国、英国和爱尔兰发现的那些财富，也没有富有的教堂或满是金子和贵重珠宝且没有防卫的修道院。也就是说，为了在这里取得成功，维京人需要将注意力转移到别处：可以交易和开发的丰厚资源，这些可以让他们获得在其他地方渴求的白银。东方为他们中间最进取的人提供了条件，能让他们迅速成功。这里是创业者之地。

草原路

伊尔曼湖、诺夫哥罗德和旧拉多加以南的地方有着不同的地理情况。森林逐渐消失，取而代之的是被称为欧亚大草原的草原带。这一地区向西远至匈牙利，再穿过乌克兰和中亚，一直向东延伸到蒙古和中国，从欧洲到亚洲约 4 023 公里的距离，风景地貌延续未断，这样的划分没有太大意义。一些山脉在一些地方断开了这一地带，比如高加索山脉、乌拉尔山脉和阿尔泰山脉，但再远的地方都可经山口进入。骑着马，你可以从西向东基本毫无阻碍地穿越这片草地，仅沿着河岸和小溪星星点点地长着些树。因此，数千年来都可以在大草原上深入旅行或交易，而这所谓的草原路就是丝绸之路的前身。

草原上住着许多不同的游牧部落，他们的生活随地理和气候的变化而不断移动。事实证明，这一地区非常适合动物迁移，温度和降雨量决定了在这里可以放牧，而越往东越不太适合农耕。

据一位穆斯林旅者所述，这片广阔的地区住着令人眼花缭乱的各族各类人，还有着各种宗教和习俗。其中部落成员的习俗令

7. 颈环：罗斯人的故事

人震惊，粗俗没教养，大多数人还傲慢无礼、不讲卫生。但这是传教士眼中的看法，与那些去北方的基督教旅者的情况很像。事实上，在外人看来没组织且随心所欲的这些游牧者与农学家是这样的一群人，他们的互动明确有意义，在冬季严寒、夏季酷暑的广袤荒野中他们的做法也有意义。

来到这些地区的斯堪的纳维亚人会遇到斯拉夫人，斯拉夫人在维京时代之初就已在东欧的大部分地区定居了。除了斯拉夫人，他们还会遇到很多游牧人群，并与他们有贸易往来，相比其他人这些人更爱好和平。主要的贸易伙伴和平时的敌人是哈扎尔人，但罗斯人也频繁与不同文化的突厥群体往来，如伏尔加的保加尔人（Bulghars）、佩切涅格人（Pechenegs）和马扎尔人（Magyars）。哈扎尔人最初属土耳其人一族，专门饲养买卖马匹。哈扎尔国作为西突厥汗国的主要继承国出现，自 6 世纪 50 年代开始就是西部大草原的主导力量。最鼎盛时期，哈扎尔帝国由西从第聂伯河低地一直向北延伸到伏尔加的保加利亚国。有了位于里海西北角的首都伊蒂尔，哈扎尔人便能利用那些在他们所控制领土上往来的商人。最终，他们成了欧洲部分地区与伊斯兰世界间的重要联络者，而维京人也是这不断发展的贸易联系中的一部分。

佩切涅格人是另一个突厥游牧群体，他们给拜占庭帝国及罗斯人带来了巨大痛苦。他们的残暴，使得大多与他们为敌的人都很惧怕他们，尽管这有时会让拜占庭人雇佣他们为雇佣兵。从 9 世纪晚期到 11 世纪中期，他们占领了本都草原（Pontic steppe，大致从黑海海岸延伸到里海和乌拉尔山脉的大片区域）。实际上，佩切涅格人是由八个有独立统治者的不同部落组成的松散部落联盟。10世纪时，这些部落生活在第聂伯河两岸，这让它们对这一地区的贸易有一定的控制权。因为这些领地非常适合畜牧和放牧，像佩切涅格人这样的群体就大规模地饲养和买卖马匹。对这一广阔领地中的买家而言，马是重要的商品。除了畜牧业，他们主要的收入来源就是掠夺，而且他们很擅长这么做。

我们已知的大多数有关这些群体如何与罗斯人往来的内容都来自书面记述。首次提到罗斯人的穆斯林记述是在9世纪的《道路与王国名册》（Book of Roads and Kingdoms）一书中，作者是阿拔斯王朝邮局与情报局的负责人伊本·克赫瓦拉比（Ibn Khurradadhbih）。他着重描述了犹太商人组织莱德安妮亚（Radhaniya）所用的贸易路线。他们沿着四条路线，向西远至法兰克，向东远至中国，沿线他们还注意到了罗斯人所用的路线。根据伊本·克赫瓦拉比所述，这些人从斯拉夫人领地最远的地方向下到了地中海东部，在那里他们售卖刀剑、皮毛和皮带，其中还要向拜占庭皇帝缴纳10%的税。他说，回去时他们会走另一条路线，穿过海到位于分隔黑海和亚速海的刻赤海峡（Kerch Strait）的萨姆卡尔希（Samkarsh），然后再回到斯拉夫人的领地。或者，伊本·克赫瓦拉比写到，罗斯人也可能选择另一条穿过哈扎尔人首都的路线，在那里他们要再付10%的税，然后经里海前往"他们知道的那个地方"。从那里，他们可能会用骆驼将货品从伊朗的戈尔甘陆上转运到巴格达。

河道对维京人至关重要，这点在《伊林格萨迦》中也写得很清楚。在描述了不同的领地后，斯诺里为经斯维特焦特向下流至

7. 颈环：罗斯人的故事

黑海的这条大河命了名——塔纳斯河（Tanais），我们更熟悉的是顿河这个名字，这条河发源于第聂伯河盆地。斯诺里说，这条河将世界分成了三部分：西边是欧洲，东边是亚洲，而这中间河流三角洲的陆地上是华纳神族（Vanir）的世界华纳海姆（Vanaheimr）。如此一来，作为斯堪的纳维亚人祖先的众神就住在了东欧的河漫滩上。实际上，更有用的描述来自另一部文献：拜占庭皇帝君士坦丁七世波菲罗根尼蒂斯（Porphyrogenitus）记述了罗斯人从诺夫哥罗德到君士坦丁堡的旅程，并详细描述了向第聂伯河下行的危险路线，主要讲了他们如何艰难地通过急流。[2] 他的描述引人入胜，显然基于第一手的记述和信息。

旅程是这样的：第一个挑战是一条名为艾索比（Essoupi，意为"无眠"）的急流，这样命名的原因渐渐明晰。他解释道，这急流"与马球场一样窄"。正中间一连串高高的岩石凸出来，如同小岛，四周水流"浪潮此起彼伏，声响巨大而可怕"。显然，在这样的情况下乘船旅行非常困难，所以罗斯人让大多数人在岸上，而其余的人光脚在浅水里摸索前行，用杆撑着河岸来引着船渡过激流。第二个挑战是被称为"拦坝岛"的急流，在这里也必须要横跨陆路。第三处急流名为"格兰德里"（Galandri），意为"拦坝响"，而第四处是被称为"艾弗尔"（Aifur）的大急流。君士坦丁七世说，这条急流很棘手，因为他们下了船后还必须警惕可能会袭击他们的佩切涅格人。我们听说，那些没有守卫的人带着船上的货物，用自己的锁链绑着他们抓来的奴隶一起横跨河道走了9.6公里的路。最后，船被拖到急流的另一侧，然后他们才能装上货物再次起航。路上会遇到很多急流，包括"小拦坝"和名字较有创意的"沸水"。

值得注意的是,哥得兰岛上的一块如尼石刻上提到了一处急流,就是"艾弗尔"急流。这块石刻是四兄弟为纪念一个名为拉夫恩(Hrafn)的人而立,拉夫恩就是在这个地区的某地逝世的。刻文说,他们都"来自四方途经艾弗尔",而且他们还在这附近一个名为鲁夫施泰因(Rofstein)的地方的南边也立了石刻纪念拉夫恩。[3]这一刻文表明这些急流的名字在瑞典也是众所周知的,而我不禁也会想到萨尔梅船里确认死在一起的那四兄弟。显然,他们也一同航行。有越来越多的证据表明,离开斯堪的纳维亚的旅程显然是家族冒险。

君士坦丁七世波菲罗根尼蒂斯继续说道,抵达河流尽头时,在圣格雷戈里奥斯岛[island of St Gregorios,即现今的卡蒂特西亚(Khortytsia)]会进行献祭。在这里献祭鸟给诸神,船员抽签决定是否要吃了这些鸟,并且预测未来。离这里不远的地方在修水电大坝时在河床上发现了五柄剑,这些武器可能象征性地代表献祭。

这些搬运方式广泛用于横跨陆路的旅程,且不断调整适应这样的旅程,这可能也对西方产生了影响。这样的方式是否在那里也需要,以便维京人能横跨陆路?这在斯堪的纳维亚很常见。比如,沿挪威西部的海岸线就有几段路程航行起来不是太危险就是太慢。走雷登(Leden)这条路线的一些地方就需要走内陆线,通常就是通过搬运横跨过去。[4]这条线很少有人考虑,但或许也可以由此通向更广泛的河流并在一些地方航行比如英格兰。

北方人的航海技艺引起了许多旁观者的注意。在伊本·吕斯

7. 颈环：罗斯人的故事

塔的记述中，他说这些人不是骑马袭击而是乘船抢掠战斗。似乎重叠搭造的船在这些领地也更有优势。许多人认为，满载的有龙骨的维京船无法在这些河流上航行，确实大一些的船也不太可能在这里航行，因为大船显然不适合急流，不易搬运。虽然非常有可能会在一些旅程中用当地的船，但如果要去更广的海域，比如波罗的海、黑海或里海，小型的内河船便无法实现。这就是小型船和维京船各自发挥作用的地方。小型船船体较浅，易拖进拖出河道，如有需要甚至可以拆分。可能河上国王所用的就是被称为"卡尔夫"（karvs）的小船，这是一种特殊类型的驳船。10 世纪拜占庭作家用"卡拉博"（karabos）形容拜占庭舰队中的罗斯人的船，这个词便是从 karvs 一词衍生而来的。我们在许多去君士坦丁堡的旅行记述中也常看到同样的名字，这表明这类船尤为适合河流运输。

11 世纪的一条有帮助的文献出自瑞典乌普萨拉的一块如尼石刻。这块石刻由名为洛迪尔（Ljótr）的人所立，以纪念他在国外逝世的一个儿子阿吉（Aki）。阿吉曾在"希腊"（这里的"希腊"一词在斯堪的纳维亚指的是拜占庭帝国）的港口驾驶一艘货船，如尼文称此船为"克诺尔"（knorr）。

在君士坦丁七世波菲罗根尼蒂斯对罗斯人旅程的描述中，他谈到"莫诺西拉"（monoxyla）时给出了另外的说法，这个词指的是一种原木船（希腊语中 mono 意为"一"，而 xylum 意为"树木"），会在这些旅程中使用。他记述了这些原木是如何在冬季的山上被砍下，到春季冰雪融化时又被带到附近的湖中，从那里进入第聂伯河。接着，它们被带到基辅，在那里完成制作，卖给罗斯人。而罗斯人则将这些仅作为"底部"购买，为这些船装上桨，还要装备好 6 月去第聂伯河航行所需的一切。这可能意味着最初的原木船也装备了列板，改成了更像维京风格的船。毕竟人们最初认为这些船就是这样改进的。拓宽的原木船或独木舟是斯堪的纳维亚的特点，这里描述的与约公元 500 年哥得兰岛图案石上的船非常相似。虽然这些船无法替代原本大小的维京船，但有自己的优势，轻且足够结实以抵抗急流，而且一些人认为这些船可容纳很多人。[5]

在一个萨迦故事中，主人公从瑞典起航了 30 艘船，一路到加尔达瑞克"未曾降过帆"。然而，看着地图，这么远的距离，很难相信真的可以不仅带自己的船从波罗的海一路跨越自然屏障，还有足够大的船队可以像之后描述的那样发动袭击。多年来，一些人尝试了，想看看是否真的可以做到。第一次尝试是在 20 世纪 80 年代，一支瑞典考察队试图用一艘仿哥得兰岛某船设计的 8 米长的船一路航行到伊斯坦布尔。不幸的是，这一行到波兰最东边的边界因没有通行苏联领土的许可而受了阻。队伍后来经由更西边的河流成功抵达了目的地，最后经保加利亚到了土耳其。

在 20 世纪 90 年代至 21 世纪初也进行了许多其他的航程，大多是从波罗的海出发的选定路线。然而，没人可以一路顺畅到达，都不得不在某处寻求现代便捷方式比如用卡车拖拽或乘汽车摆渡跨过黑海的部分。一次从瑞典锡格蒂纳出发到诺夫哥罗德的特殊旅程虽成功了，但用了整整 41 天时间，若有更多的经验和更好的条件或许可以更快地完成。即使如此，这也意味着一路从斯堪的纳维亚到君士坦丁堡会耗费一季最好的时光，之后就要开始担忧当地人不友好的袭击了。

深入了解当地河流情况是成功的关键。除了知道哪里河道足够宽或足够深这些显而易见的问题，还需要密切关注水位，每年每季都会有巨大变化。春季，随着冰雪融化，水流会更急，河流满是冰雪融水，而秋季的雨也会让航行更快捷。到温暖干燥的夏季，水位会明显下降，此时航行，即使是浅水船也会遇到真正的威胁，这就是触底风险。另外，必须要在冬天来临水结冰前完成旅程。

路上部分路程显然是要横跨内陆通行，就像许多书面资料写的那样。这可能需要用马来帮着拖拉船和货物。带着奴隶会较为方便，因为他们可以搬运货物，还可以搬运船。一些考古学家提出冬天利用冰雪覆盖的河流也可能会用雪橇来通行和运输。从历史情况来看，在俄罗斯用雪橇一天行驶 100 至 150 公里并不稀奇，这是一种完全可行的长距离移动方式。考古证据也支持了这一点。比如，在诺夫哥罗德发现了一架近乎完整的可追溯至约 1000 年的雪橇，一同发现的还有数百架雪橇，有的长至 3 米。[6] 其他碎片是在旧拉多加发现的，就在早期的定居地。在"奥赛贝格"号葬船中也发现了并非实际使用而是仪式所用的三架精致的雪橇。显然，这一方式是可行的，可用于旅行，也可用于运输货物。

野蛮的生活

这些地方的生活是很艰辛的，尤其因为要忍受冬季极端的温度和条件。然而，这是斯堪的纳维亚人可能已经习惯了的，所以他们不仅能成功，而且能在这样的环境下兴盛发展也就不足为奇了。

除了物流方面的信息，阿拉伯文本还告诉我们一些其他资料中没有提到的习俗和日常生活的细节。最著名的记述是10世纪旅者伊本·法德兰（Ibn Fadlan）写的，他扣人心弦的叙述中有他路途中遇到的所有习俗的生动细节。他的记述非常吸引人，是从几乎民族特点的视角通过第一手的观察记述的东方维京人的习俗，尽管这不是他的本意。伊本·法德兰的旅程实质上是一次传教的旅程。他的卫队受阿拔斯哈里发穆克塔迪尔（Al-Muqtadir）委派，前去给伏尔加保加尔人传播伊斯兰教。伊本·法德兰还打算帮他们建座清真寺让他们礼拜，以及建一座堡垒来帮他们抵御那些反对他们的统治者。这回应了刚改信伊斯兰教的保加利亚统治者的直接要求。

旅程始于921年6月21日。与伊本·法德兰同行的有一整队代表团，其中一些人对沿途所经地的语言和习俗有亲身经验。伊本·法德兰在其中的作用是什么尚不是很清楚，但似乎很重要。结果证明，这一任务远未成功完成，事实上成了错误的喜剧。本来要给的钱没给，原本要纠正的异教做法也没按计划进行。无论如何，给我们留下了一份宝贵的旅行记录和人类学研究，本来也可能是以某种正式的方式送回巴格达的正式报告。

伊本·法德兰的记述时而清晰时而抽象，有时全是个人感受的稀奇古怪的内容。其中有些章节明显修饰过，增添了夸张和超自然的内容，但同时又生动形象且幽默风趣。伊本·法德兰为我们提供了唯一幸存的同时代目击者对维京葬礼的描述，而在这一

7. 颈环：罗斯人的故事

点上毫无疑问罗斯人与维京人之间是有联系的。

大部分内容中，伊本·法德兰都带着恐惧描述他所看到的一切。维京人很脏，甚至没有基本的卫生常识，而且对他们奇怪的神有某种尤为可疑的崇拜。用他的话来说，"他们确实像走错路的驴"。最严重的是，他发现罗斯人如完厕或吃完饭都不清洗，甚至更糟糕的是完成性习俗仪式后也不清洗。他记述到，最无法接受的是，每天早上他们确实会清洗，但用的是脏水：仆人为主人端来一碗水，主人会在里面洗头、擤鼻、吐口水，做"所有能想到的肮脏动作"。之后，这碗水会传给下个人，他会重复这些动作，再传给下个人。在对个人卫生有较高要求、讲究清洁的穆斯林看来，这一切是令人厌恶的。

另一位作家伊本·吕斯塔（实际上他没亲眼所见）提出了另一种看法。他说，罗斯人的服饰总是保持干净，对他们的奴隶友善，也会给奴隶穿好衣服，因为要买卖他们。伊本·吕斯塔描述了罗斯人穿的宽松的裤子，恰好可以在哥得兰岛图案石的画像中看到。伊本·法德兰称，罗斯人的身体是他见过最完美的模本，高大红润，全身从脖颈到指尖都覆盖了树木人物的绿色文身。

在所见的习俗中，伊本·法德兰对罗斯人的性习俗尤为震惊，这些习俗与他所习惯的穆斯林习俗截然相反。应提及的是，他不仅对罗斯人的做法表示反对，对途中见到的其他人缺失性道德和基本礼仪的表现也感到震惊。比如，伊本·法德兰有次遇到了一个叫奥古兹（Oguz）的土耳其部落，他震惊地发现，在与一位男子的交谈中，这位男子的妻子露出了私处，在所有人面前搔首弄姿。

罗斯人的生活是野蛮而残酷的，必须遵循一系列能伸张正义的规则。比如，小偷会被用绳子吊在树上，挂在那里风吹雨淋。据说，他们彼此间不信任程度较高，是人际关系不牢靠的群体。一次记述中提到，据说有内急的人不能独自去方便，而是由三人陪同，以便用剑保护他。"如果有人甚至仅有一点点财富，"伊本·吕斯塔说，"他的亲兄弟和与他一行的朋友也会觊觎，想要杀死他夺走财富。"大概这就解释了为何我们会在维京世界发现这么多钥匙、挂锁和埋起来的宝库。你需要信任与你共事或交易的人，但有时这会很困难：哥得兰岛的如尼刻文记述了一个被不莱库人[blakumen，可能是瓦拉几亚人（Wallachians），现罗马尼亚居民]出卖后在离乡远征中逝世的人。或许，他信任这些人，还和他们有某种工作上的联系。他的家人回乡后表达了他们的沮丧和不满，"愿上帝也背叛那些背叛他的人"[7]。

其他记述用了更积极的表述描述罗斯人，说他们来自强大的国家，争强好胜、高大勇敢。哲学家及史学家伊本·米斯凯韦（Ibn Miskawayh）说："他们不承认失败，除非杀死了别人或被杀死，否则没人回头。"有个故事中，一行五位相貌甚好的罗斯人与大量德拉米特战士（居于现今伊朗）战斗，直到战败前每人都杀死了许多敌人。但即便如此，他们中的最后一人为了不被俘虏，爬上树"刺伤了自己的重要器官"。显然，这些人以战斗力闻名。而就在伊本·法德兰的记述中，我们找到了有关颈环的内容，这些被称为彼尔姆环的颈环在斯堪的纳维亚和英格兰的宝库中大量出现：

7. 颈环：罗斯人的故事

> 他们的脖子上戴着金银颈环，每个男人只要攒了1万迪拉姆就会做一只颈环给他的妻子。有2万时，会做两只。每次当他积累了1万迪拉姆的财富，就会给妻子已有的颈环上加上一只新的，所以一个女人脖子上可能会戴许多颈环。

伊本·法德兰的观察表明了两点。首先，在罗斯人中间，银可作为便携的货币使用，以这样的方式公开表明所拥有的财富（虽然1万迪拉姆可能有些夸张，因为这意味着一只颈环就有约3公斤重）。在斯堪的纳维亚，臂环常被切割成碎银来用，也是一样的用法。其次，其证实了环的价值基于重量，直接对应一定数量的迪拉姆。这一点很重要，因为计重体系是金银经济必要的组成部分，也包括维京大军所使用的体系，而这能告诉我们与长距离贸易网有关信息。虽然不完全确定9世纪开始维京人如何使用以及在哪里会使用这一计重体系，但显然与东方世界有紧密的关联。如此这记述便给我们留下了所述的那些罗斯人与我们所称的维京人之间的一些重要联系。没有伊本·法德兰的记述，我们便无法了解这些颈环的社会作用。

伊本·法德兰在旅途中有名翻译，他常说自己是用这样的方式获得信息。这名翻译既译对话又译习俗，所以他必须对这些文化了如指掌。根据法德兰所述，我们不知道这些翻译是远征人员还是当地人，在另一处9世纪的记述中，我们得知他们一路去巴格达时罗斯人会用说斯拉夫语的阉人（奴隶）为他们翻译。

领主之死

伊本·法德兰撰写的某处记述比其他记述都令他更为出名，记述的是一场罗斯人领主的葬礼。这一事件是伊本·法德兰偶然亲眼所见的，领主死时他恰好在营地，就在伏尔加河附近的某地。描述的内容恐怖可怕，但同时也传递了复杂的行为和仪式规范，否则我们便不可能重构当时的情况。他记述的事件井然有序、精心安排，是对逝者与活着的人均有益的一场葬礼仪式的展示。

葬礼在一年中较暖和的时候进行，因为这时地面还未结冰。伊本·法德兰与他的卫队停了下来，他在观察罗斯人，看到他们乘船沿河到了伏尔加河河岸扎营，到那里去交易。船上载满了货物，或许是为了在具有战略性且便捷的河道市场上做几个月的生意。这里有男人、女人、孩童和大量的奴隶：一些奴隶用以售卖，一些是商人自己所需，还有一些是为了任何时间都能方便可用而携带的。

营地很大，远得看不到边。伊本·法德兰在他们中间走着，旁边跟着他的翻译，显然他注意到抵达营地时每位商人是如何拿着祭品走下船的：面包、肉、洋葱和牛奶，都要带给他们的崇拜对象。他一边观察一边听翻译描述这些崇拜对象——也就是木棍上雕刻的头像——如何代表着他们的神，那些确保商人交易顺利、交易中不受骗的神。夜晚，伊本·法德兰坐在自己的帐篷里，羽毛笔来来回回地移动，将他观察的一切记录在册，同时他暗自嘲

7. 颈环：罗斯人的故事

笑这些商人的愚蠢。他们未曾意识到送出的献祭动物——插在地里木棍上的那些喂养饿神的牛羊头实际上是夜晚被野狗吃了。他写到，天真的北方人第二天早上会很高兴地看到他们的神接受了他们的祭品。

大概某个早上，伊本·法德兰察觉营地气氛有些不同，然后就得知原来是其中一位领主逝世了。他看到，葬礼准备用时较长，需要十天才能完成：衣服要缝制，火葬堆要准备。葬礼由一位被称为"死亡天使"的女性主持，伊本·法德兰也描述了她和她的职责："她负责缝制和准备所有这些，也是由她来杀死女奴。我看到她是个女巫，身体臃肿，邪恶残忍。"

他说的"这些"是指放在船上的床上织物，上面铺着拜占庭丝绸织的垫子。有意思的是，另一种记述说"死亡天使"是"阴沉幽暗、身体臃肿不堪的女人，看不出年轻还是年老"。这可能是所谓的"巫尔夫"（volve），像我们在维京世界其他地方看到的那些宗教旅行的女人？仪式的一个重要部分是需要有人陪伴逝世的领主去后世。据伊本·法德兰所述，一位女奴或情人自愿承担了这项任务，进行了一系列作为该事件环节之一的仪式。起初，对她相对较好，分配两名侍从照顾她。在法德兰的记述中她很快乐，任何时候似乎都没有反抗过对她所做的一切，部分可能因为在整个过程中不停地给她酒，可能还有药。

接着，这个女奴参与了一个奇怪的仪式。她被举到门框以上，说不仅能看到她的父母还有在天堂召唤她的主人。根据描述，她似乎不反对与领主的许多手下发生关系，奇怪的是这些手下声称他们这样做是因为爱他们逝去的领主。可能对情人或奴隶而言，这样的情况她们已习以为常。因自愿承担这项任务，她的地位也从奴隶升为领主的陪葬新娘。对生活没什么未来的人而言，这个选择或许也没有我们所想的那样糟糕。倘若我们要理解女性在这里的角色，她这样的作用无论是对她自己的未来还是对重大事件中的核心人物而言都是很重要的。

然后，女奴被带进一间墓室里，墓室在从水中拖出的船上，而领主也从临时墓被移到这里。就在这里，女奴被"死亡天使"杀死，这样她就能陪伴领主了。在令人痛心的记述中，伊本·法德兰写到，她会被一些人按住，而其他人敲打着自己的盾牌，据说这样可以淹没她的尖叫。最后，船和船上的一切都会被点燃。后来伊本·法德兰还记述了如何在船的残骸上建土墓，而维京人还会在上面立起刻有领主姓名和罗斯国王姓名的短木桩。

这一记述中有两点很重要。其一，对葬礼的描述与斯堪的纳维亚和维京世界其他地方维京墓葬的考古记录非常接近，以至于我们或许无法否认这些人与我们所认为的维京人之间的联系，即便他们被称为罗斯人。虽然是火葬，但与其他地方发现的船葬墓的细节非常接近。比如，听起来与奥赛贝格船中的墓室就非常类似。伊本·法德兰描述的动物献祭也较常见，整个葬礼与在萨尔梅看到的精心安排的仪式以及在雷普顿墓室里看到的要素都较吻合。火葬和土葬在维京世界都较常见，有时会同时进行。埋葬仪式各有不同：一些逝者下葬时没有陪葬品，而另一些陪葬了后世世界所需用品；一些躺在棺材里，而另一些比如 Bj.581 号墓葬是安置在精心准备的墓室里。据伊本·法德兰所述，这与地位和财富相关。他说，穷人火葬，而奴隶死了就扔在那里，任狗和猛禽

7. 颈环：罗斯人的故事

来食。这可能也是为何在埋葬记录中难以找到奴隶的原因。

其二，伊本·法德兰的记述至少一定程度上是可信的，是维京时代同时期有关人祭的记述。正是这段记述让我们想到与雷普顿孩童墓葬可能的联系。那些孩童会不会也是同样死于这样的仪式？显然，情况并不相同，但伊本·法德兰记述中明显的大量夸张的表现要素或许与雷普顿的情况较吻合。伏尔加河畔的墓葬不仅是处理腐烂尸首的实际做法，还是精心安排的仪式和故事情节的展示，为了让在场的人看得明白而细心编排。如果我们相信伊本·法德兰的记述，那每个要素包括从尸体的准备、船上墓室的建造到仪式中对女奴的虐待就都是有意义、有明确理由要讲的故事中的一部分。在雷普顿也有些夸张和戏剧化的东西，如集体墓葬一定要按这样的方式建造：一层干净的红沙上放着骸骨，可能在堆积的遗骸环绕的中间是主墓葬。也可能在这里，在这曾辉煌一时的修道院破碎废墟的阴影下也发生了类似的故事。

8
珠子：十字路口

维佩济夫　乌克兰　2018 年

　　我走到沟外取水，坐在干枯的草地上，头上是用破旧防水布临时搭的遮阳棚。烈日当头，数天都没看到云了，我一直在空旷平原周围的松树荫下挖掘。用手挡住强光，我看向东边的山头，看到有个人赤脚沿着沙石路向我走来。那山上有座古堡，俯瞰着这条河，上面挖的坑最深处几乎有十米。自制的不太稳的梯子勉强能支撑学生到底部，那里的古柱坑在沙地上呈现出了大致轮廓，这就是这座山上隐约可见的一千年前的防御工事遗迹。这人越走越近，我才看出是维塔利（Vitaly），他右手握着拳，似乎发现了什么。我站起来走向他。"这是你要找的吗？"他边问边张开手。然后我就看到一小颗红玉髓珠，表面光滑平整，椭圆形，边缘有切面，与在雷普顿找到的一样。

8. 珠子：十字路口

政治雷区

  罗斯人的故事提供了丰富多彩的背景，且令人信服地描述了你可能会在这些旅程中遇到的人。但仍然存在的问题是，这些记述有多准确，是在什么时间展开的？阿拉伯旅者记述的领地之外发生了什么？这些交流向北、向西和向东分别延伸了多远？这些世界之间是如何联系的，目前也尚未有共识。一个多世纪以来的学术辩论，有时甚至颇具敌意，一直围绕着维京人与罗斯人是否为同一群人这一话题。东西部的分隔是其中一个争论点，如一些人所言，虽然罗斯人不都是维京人，但许多维京人确是罗斯人。这里的关键问题是身份。这是文化的熔炉（有斯堪的纳维亚人、斯拉夫人、哈扎尔人、拜占庭人以及其他人），而早期维京人的出现似乎成了罗斯人变化发展的催化剂。但因深入的政治原因，这一点仍有争议。苏联压制性地控制这一地区数十年使得这一现状更是如此。正如乔治·奥威尔（George Orwell）在其反乌托邦小说《一九八四》中的一句名言："谁控制了过去就控制了未来。谁控制了现在就控制了过去。"有人说，在中世纪早期的欧洲"携带武器就是参与政治"，而对这些东部地区而言，研究现阶段的时期也是深入政治。

许多关于罗斯人和维京人的争议最后都可归到一本历史文献——《罗斯初期编年史》（Russian Primary Chronicle），除了阿拉伯旅者偏向伏尔加河地区和10世纪的记述，几乎没有历史文献能更明确地给出什么时间、哪些人在这一地区定居。我们认为我们已知的大多数信息都来自11世纪中期到12世纪早期之间编撰的这部编年史。虽然里面有一些可靠的信息，但绝大多数内容不完全可信。其作者是在基辅的基督徒，似乎在历史准确性方面有相当大的自由，且书里的信息也讲述了现今俄罗斯和乌克兰的起源故事。

通常认为这部编年史是由基辅岩洞修道院的僧侣内斯特（Nestor）所写，也称为《往年纪事》（Tale of Bygone Years）。故事的主要内容是，9世纪60年代早期，斯拉夫人的领地动荡混乱。很长时间以来斯拉夫部落一直受北方抢掠者瓦兰吉人（Varangians，另一个常指代罗斯人或维京人的名词，之后有了更具体的用法）的骚扰，这些人逼迫他们交贡金。最后他们起来反抗了，但引发了灾难。内讧意味着证实了自治是不成功的尝试。斯拉夫人太忙于内部斗争了。为了解决这一问题，他们向另一支北方罗斯人提出请求。"我们的土地广阔而富有，"斯拉夫人恳求

8. 珠子：十字路口

道，"但这里没有秩序，请来管理统治我们。"

这一请求得到了三兄弟的回应，他们带着他们的家人和"所有罗斯人"迁移。这三人是定居在诺夫哥罗德的老大留里克（Rurik）、定居在别洛耶湖（Lake Beloye）南岸贝卢奥泽罗（Beloozero）的西纳（Sineus）和住在俄罗斯与爱沙尼亚边境东边伊兹博尔斯克（Izborsk）的特鲁沃尔（Truvor）。诺夫哥罗德周围的土地即新城，后来称为罗斯人的土地［这土地上的人就是俄国人（Rus'ians）］。两个弟弟仅待了两年，后来由留里克掌管了整个领地。根据《罗斯初期编年史》所述，由此罗斯国成立。接下来的几年，其中心转移到了基辅。

这个故事中有两点可以帮助我们理解为何这段记述如此有问题：主要人物来自北方，最可能是瑞典的维京人；斯拉夫部落在故事中无法抵抗瓦兰吉人，从而实现自我统治。比较容易理解这样一个版本的故事为何成了有争议的起源故事。这场争论僵持在诺曼人的支持者与反对者之间，前者认可斯堪的纳维亚人的重要影响而后者几乎全盘否定，反对的观点尤其受了苏联的影响。对这一观点更支持的记述是斯堪的纳维亚人对早期俄国的政治、语言或宗教没有影响，而且罗斯人的名字也完全指的是其他对象：提出的可能有从基辅附近名为罗斯的河流，到法国的罗德兹镇（Rodez）或波罗的海的吕根岛（Rügen），甚至更有创意地想到这个名字源于罗克索拉尼（Roxolani）的古伊朗部落。除了斯堪的纳维亚，其他任何对象都有可能。

有时争论会很极端，尤其是在支持诺曼人的一方。比如阿道夫·希特勒曾臭名昭著地说道："如果不是其他民族，从维京人开始,将一些组织的根本要素植入了俄国人本性中,他们仍旧会像兔子一样活着。"有这样的观点,便不难理解对维京联系的反对以及斯拉夫学者不得不做选择的困境。一边的观点认可更优秀的外国人创造了他们整个民族,而另一边是与文献不吻合的其他解释。正如 19 世纪一位史学家所言,问题是"我们是不是创造了自己的历史"。

很长一段时间以来,似乎没有中间的立场,可以说这是东半球更普遍地被排除在维京时代相关讨论外的一个关键原因。二战后欧洲铁幕的降下意味着,研究北方历史的学者中好一些的感到气馁,而差一些的便保持沉默。甚至有人提出研究表现出的任何形式的外在影响——不仅仅是斯堪的纳维亚人对斯拉夫人产生的积极影响——都是危险的。

能说明这一想法影响的主要例证是斯拉夫的另一个地方,传统观点认为在那里维京人几乎没有带来什么影响,即布拉格(Prague)。1928 年在布拉格城堡,乌克兰考古学家伊凡·博尔科夫斯基(Ivan Borkovsky)发掘了一座 10 世纪的墓:当时布拉格是重要的国际中心。破旧木制墓室中葬着一具男性遗骸,身旁是一系列熟悉的陪葬品:一柄剑、一把斧、多把刀、火钢还有脚边的一只桶。

这些物品中许多是斯堪的纳维亚风格的,这便有了一种解释,即这座墓是维京人的墓,而这个想法一开始却被忽略了。1939 年纳粹德国占领布拉格时,城堡维京墓葬的优势就得到了认可:东欧日耳曼人的出现于纳粹观念有利,因为这样的记述为他们的占领提供了历史先例。很快,维京人、斯堪的纳维亚人与日耳曼人

8. 珠子：十字路口

的身份合并了，这表明了城堡以及由此延伸到的整个领地都理所当然地成了纳粹生来所有的。战争后，布拉格由苏联控制，便不断强化另一种解释：这个人继承了斯拉夫血统。一组研究人员试图用生物考古学解答疑问，但目前结果尚不确定：同位素分析表明他不是本地人但来自北欧某地，可能是波罗的海沿岸地区，或许是丹麦等地。[1]虽然这说明了他非常可能有维京血统，但我们现在非常清楚地缘不能等同于身份认定，且新科学方法无法在政治上保持中立。

如此，这便为任何想了解东部维京人的人提供了背景条件。《罗斯初期编年史》中的记述不可能完全真实，不仅因其是数百年后所写，还因这个故事的设定是为了展示特定的一脉，即留里克及其后代，其是后来 9 世纪晚期和 10 世纪早期罗斯人所建的被称为基辅国（Kyivan state）的政治实体的唯一合法继承者。即便如此，也有许多人试图证实这个故事，并将这里的留里克与另一位众所周知、真实存在的维京人联系在一起：丹麦国王哈拉尔·克拉克（Harald Klak）的侄子或兄弟留里克（Rörik），约于 880 年逝世。《皇家法兰克志》及其他大陆文献都提到了留里克，这一联系某种程度上说得通是因为这两人确是同一时期的。但没有什么证据可以将这位留里克与基辅联系起来，所以更有可能是巧合。

可考古与新证据呢？与 30 年前相比，东部正为研究者打开大门，新的证据线索让我们找到了更多证实或反驳历史文献的方式。在第聂伯河上游地区有许多考古遗址，最著名的是位于俄罗斯西部斯摩棱斯克（Smolensk）附近、第聂伯河右岸的格涅兹多沃。这里可能最初是名为斯玛列斯吉亚（Smaleskia）的城市，至少，在冰岛萨迦中出现了这个名字。从墓葬类型和修复的文物来看，这里有着丰富的斯堪的纳维亚文化。《罗斯初期编年史》中有处文献提到在9世纪80年代早期斯摩棱斯克被留里克的后嗣奥列格（Oleg）占领，就在他杀死阿斯科尔德（Askold）和迪尔（Dir）罗斯两兄弟之前。他们是第一批移民，也是基辅的统治者。

在格涅兹多沃，河流的重要性变得十分明显。除了第聂伯河以南的交通，你还可以向东通向伏尔加河河道，还可经伊尔曼湖和洛瓦特河向北。墓葬尤其多，有和比尔卡遗址非常类似的墓室墓葬。这个城镇常被认为是"伯格斯特"（pogost），即收贡金的中心，后来被来统治基辅罗斯王国的留里克的后人即基辅王公们的侍从占领。这可能是之后的归因，但可以肯定的是维京时代的格涅兹多沃虽同时自身有权力统治，但也与斯堪的纳维亚有清晰且重要的联系。现今古代DNA或许首次展现了这一联系，因为那里的一座墓葬中有个人有"类似丹麦"的血统。

继续向南去第聂伯河，文献中几乎少有记录，甚至有时从挖掘中获取信息也较难。然而，2018年我接到请求带了一队英国学生与乌克兰考古学家一起挖掘基辅北部的罗斯人遗址。这里所说的遗址被称为维佩济夫，位于基辅东北约75公里的地方。去那里，要开车穿过大片的向日葵园和满是生锈拖拉机的遥远的村庄。在这里你要用格里夫尼亚（hryvnia）在村里买零食。这是乌克兰的货币，源于计重的同名标准金属条，名字的字面意思是"颈环"。乌克兰的货币体系可追溯至1 000多年前使用的货币体系，渐渐由罗斯人可穿戴的货币发展而来。挖掘工作由乌克兰人维亚切斯拉夫·斯科罗霍德（Vyacheslav Skorokhod）领导，他是热

8. 珠子：十字路口

衷与西方研究者交流的一位新一代的考古学家。

首次发现维佩济夫是在二战期间纳粹德国空军航拍的照片中，而那时乌克兰团队在这一遗址已工作了十年。从空中看过去，选址确有深意：从德斯纳河（Desna）曾流过的河漫滩上伸出的狭长半岛。今天河流的位置大约距离这里有3公里远，但从地貌上可以清晰地看到河流快速移动的痕迹。在卫星照片上可以看到旋涡状、波浪形的色彩斑块，这些地方的草地和沙显现了蜿蜒河道留下的抹不去的印迹。这图案证明了河流力量有多大、流速有多快。一条叫克里姆卡（Krymka）的小溪现在缓缓地流过这隆起的土地，而其支流或者类似支流的分流曾从遗址的后部绕过，成了离开忙碌的德斯纳河的一条可能的河道。在下游，干流在基辅流入第聂伯河，而另一方向可以向北行进到切尔尼戈夫城（Chernihiv），最终越过俄罗斯边境到达斯摩棱斯克附近的河流源头。"德斯纳"在古东斯拉夫语中意为"右手"，或许因为其是第聂伯河最大的支流。在12月初到4月间，这条河通常会结冰。

9世纪晚期或10世纪早期的某个时候，半岛最顶端的位置出现了一个堡垒。在这里，乌克兰研究组发现了栅栏和防御工事，而这里便由此成了山顶防御森严的塔楼：从这里你可以很容易发现敌人。同时，向德斯纳河上下游航行的人也不可能看不到这座塔楼。在塔楼的背面，缓慢流淌的支流环绕着堡垒。研究组在这里发现了一个港区和一个码头的遗迹，港区有旧河道的痕迹，在这些河道可以将船从水中拉出来。在沙质沉积物中有修理船时留下的生锈的铁钉。在堡垒外广阔的平原，研究组发现了大量下陷的建筑，应曾是定居地的一部分。这里似乎是本地人居住的地方，至少文物表明的是这样：在这一地区的任何遗址都较为常见的典型斯拉夫样式的物件。到处都有手工艺品生产的证据，小规模的家庭手工业涌现出来以支持定居地的迅速发展。但在堡垒发现的物件却不同。这些物件显示了其主人较高的地位，且大多来自其他地方，像银迪拉姆和盔甲的细小碎片等，这些只有社会精英才有。也就是在这里，在挖掘过程中发现了一个很小的橘色物件：一颗红玉髓珠，与在雷普顿发现的那颗完全一样。

商　品

格涅兹多沃和维佩济夫等地的主要作用是控制沿河迁移，从而监管基辅国的扩张。这些地方并非永久定居地或城镇，更像是用以迁移、管理人们的临时用地或交通枢纽。这样一来，他们能控制贸易和税收，而这两者是这里所发生事情的至关重要的一部分。新来的罗斯人初到时，斯拉夫人已向哈扎尔人交了贡金，而新的领主只是接管了这一有利可图的事业。此外，他们许诺保护那些缴纳税款的人。换言之，就是一种保护费，与维京人在西方所收取的没有太大区别。

另一个有利可图的方面是在经营过程中可买卖奴隶。在这里冒险取得的如此巨大的成功使得被抓住的斯拉夫人（Slavs）的称呼衍生成了"奴隶"（slave）一词。这里的奴役是季节性的，一年中的某些时候就会出去到内陆地区，在沿伏尔加河和第聂伯河向南北行进的过程中抓那些能卖出去的人。这可能意味着奴隶会被

8. 珠子：十字路口

关在像维佩济夫这样的定居地数周或甚至数月，就像在西方维京营地肯定会有的情况一样。很可能有大量奴隶手动让船沿河移动，或直接搬运其前行，但这些奴隶也没有留下痕迹。

很多文献表明，奴隶是这些东方社会重要的一部分。比如，伊本·法德兰描述哈扎尔人时说，国王有60名女奴做情人（另外还有25位妻子），每人都有个阉人侍从时时保护安全。在匈牙利，安达卢西亚旅者阿布·哈米德·加尔纳蒂（Abu Hamid Al-Gharnati）在12世纪的记述中说道：一个漂亮的女奴很便宜，一年中的大多时间里，用10第纳尔就能买到，但在抢掠季可能供应比较多，一个漂亮的女奴或希腊男孩可能仅需3第纳尔。作为对比，他还说用1第纳尔可以买20只羊。

9世纪时，在阿拉伯哈里发帝国对奴隶的需求量很大，一个奴隶的价格涨得很高，有文献说价格高达60万迪拉姆。然而，一个世纪之后，似乎过剩许多，所以售价仅每个20到30迪拉姆。显然，9世纪是奴隶贸易的全盛期，而这也是其成了如此受维京人欢迎的商业冒险的原因。

当然，奴隶仅是这些定居地和贸易点的许多获利商品中的一项。接着是皮毛贸易，这也是维京人做得很好的一项利润丰厚的生意。北方的皮毛在巴格达的精英阶层中是奢侈品，就像珠子和其他异国物件在北方是奢侈品一样。虽然一些皮毛要从斯堪的纳维亚一路运来，但许多都可在东欧获得，这表明那些沿河航行的人轻易就能沿路获得。不同地方的皮毛都有各自的特点，比如从芬兰人那里获得的皮毛，是白色无杂色且非常抢手的白鼬"冬衣"，也叫银鼠毛皮。不同品类有不同用处，且有些只能在特定地区而且在一年中的特定时间才能获得。比如，貂和白鼬，它们一年换两次毛，且到了冬季毛长得又密又滑，在北纬地区完全呈白色。这样的白色皮毛历来很受欢迎，也常与高社会地位联系在一起，甚至现在也是如此。

英国王室成员的传统仪式长袍以貂皮封边，剑桥大学校长的兜帽和披肩装饰也是一样。貂甚至是布列塔尼公国国旗的象征。维京时代这一皮毛颇受欢迎，这一点可从挪威西部斯塔万格（Stavanger）的一处墓葬看到：与武器在一起的有骑具和其他个人装备，发现埋葬的逝者穿的衣服上有貂皮的痕迹。这可能是10世纪的阿拉伯史学家马苏迪（al-Masudi）于956年记述东部皮毛贸易时提到的一种白色皮毛，里面还提到有各种品类、质量和价格的红色、白色与黑色的皮毛。

马苏迪还解释了皮毛是从伏尔加地区交易而来的，这一地区向南至阿拉伯哈里发帝国，向北向西甚至远至法兰克和安达卢斯（al-Andalus）。他写到，非阿拉伯民族的统治者喜欢穿这些皮草，其中最珍贵的是黑色皮草。他们将这些皮毛制成衣服，比如无袖外衣和软帽，或许这就是Bj.581号墓中比尔卡女性戴的那种？

从马苏迪的记述中可以看到这些皮毛有多珍贵。这一记述写的是8世纪哈里发迈赫迪（al-Mahdi）去赖伊（现在里海南部边缘的伊朗一带）这一路上做的事情。这些地方在冬天会变得非常寒冷，而黑色皮毛也远不仅仅是地位的象征，其显得珍贵是由于其极好的保温性能，这一点哈里发用实验测试过：那个冬天特别寒冷，所以雪下得很厚、很冷，他让人给他送来几大壶水，每壶都塞着一簇不同的皮毛。水在严寒的室外放了一夜，第二天早上

8. 珠子：十字路口

哈里发去察看。他发现除了一壶水外其余都冻住了，就是塞着黑狐毛的那壶，那这种皮毛就是能给他最佳保暖、保温效果的皮毛。马苏迪解释了对这种皮毛的评价有多高。他说，这些皮毛能保暖，让人不染湿气，比其他动物皮毛的保暖性更好，"所含成分如火般令人热过了头"。他还写到，对身体虚弱的人如老年人而言，这是完美的服饰选择。

商人也可能经这条路线从遥远的北方运送其他商品比如海象牙。奥特尔在英格兰拜访阿尔弗雷德时，随身带着"海象牙"，想作为礼物送给国王或者卖掉。这可能是奥特尔自己收藏的。实际上，他说到挪威北部的北角（North Cape）的路上杀了60只海象和小鲸。显然，这样的商品可能并非简单地从一个人转给另一个人，而实际上是随猎人或可能是狩猎组织者一同前行。

在维佩济夫，如果走沙石路到堡垒顶部，俯瞰河漫滩，就能明白平原、河流和可获得的丰富资源如何成了即将到来的群体想要得到的东西，尤其还是一个很轻易就能以权力剥削当地人的群体。不过，这对那些为满足外来人的新需求而乐于贸易且利用机会发展自己事业的人而言可能也是优势。这些定居地的发展是通过不断增加稳定性来应对日益增长的人口，而不像城镇那样，通常从建立贸易点和控制最重要的交通路线河流的特别需要出发。这也意味着虽然这些城镇并非由有支援的内陆地区发展而来，但他们的所在地兼备战略和地形的重要性，而这些地方可能会发展起乡村经济来。比如，在英格兰或许能看到类似的情况，这里克西的营地便是制陶业与之后定居地发展的催化剂。

这也表明本地采购的商品可能有时也会很重要，比如对维京人海上成功至关重要的焦油。显然，维京船需要大量的维修和维护，而西方冬令营的制铁证据表明除抢掠时节外这些地方也会有这样的需求。但木头和铁并非确保舰队进行水上活动唯一所需的东西，船也需要防水，这正是焦油的所用之处。焦油可相对简单地从大多数种类的树中提取，用以处理和密封木头。一艘重叠搭造的大船大概需要约 500 升焦油。可能还需要处理船帆和绳索，从而令其能更好地承受海上恶劣的条件。

长期以来焦油一直是一种被忽视的商品，直到最近的一项研究才正好表明了焦油在维京人的扩张中扮演了多么重要的角色。瑞典的研究表明，在 8 世纪，通过使用特殊的焦油坑提取树脂，焦油的产量大幅增加。这与维京时代初期新造船技术的使用及海上活动的增多完全吻合。在格涅兹多沃也发现了焦油坑，而在港口地区附近的维佩济夫也发现了焦油或沥青①生产的证据：罐子形状，底部有个小洞，以及有焦油痕迹的陶瓷。无论如何，将手工艺、商业、港口和防御工事一并联系起来，确与比尔卡（可能甚至还包括英格兰的维京大军遗址）等地有很多相似之处，而这便给我们提供了有关其功用的重要线索。

---

① 焦油和沥青通常可互换使用。这里的沥青指的是从树木和其他有机源中获取的黏性树脂。

8. 珠子：十字路口

勇士国度

在许多重要的罗斯人定居地中，有个值得注意的方面是都有非常强大的军事构成，这便会让人以为这些地方是由勇士精英控制的。在东方最常发现的具有明显斯堪的纳维亚起源或样式的文物品类是武器和军事装备。与之明显对应的是 10 世纪以完整样貌出现的比尔卡军事要塞。在那里，城镇一个明显独立的部分却有更严密的壁垒和栅栏。要塞中有建筑和墓葬，里面都有大量武器，其中就有处于醒目位置的 Bj. 581 号墓葬。这一要塞显然是某个军事化组织的营地，因为中央大厅的各建筑结构中有数百把刀，武器储存在木箱里、挂在墙上，有长矛、箭和盾牌。

有趣的是，在比尔卡的墓葬中也有东部战士的证据，特别是马扎尔人的。[2] 与这些在现今匈牙利大草原独立的游牧部落交往最引人注目的迹象是在墓葬中会发现弓箭装备：复合弓和装满各式箭的箭袋，以及个人装备如腰带和其他已知马扎尔人会用的徽章。这可能表明了两件事：要么比尔卡是迁移弓箭手的家乡，要么两个地区间甚至存在更深的联系，可能是通过罗斯人形成的。

看似专业、有组织的军事实体是定居地的一部分，那这可能表明他们在这里一定是为了保卫和支持统治者或统治精英，以统治群体想要的方式确保秩序得以维护，以及在和平环境中进行贸易。这些群体可能包括德鲁日纳（druzhina）——领袖周围的精英侍从卫队。在《罗斯初期编年史》中，罗斯王公外出收贡或参战时，就有这样一支卫队跟随。在德斯纳地区发现的较高地位的勇士墓葬被认为是某德鲁日纳的成员墓葬，而德鲁日纳也通常被认为是基辅的一位王公，是留里克的后裔。这可能有些过于夸大了证据，因为可能主要人物远比我们从记录中了解到的要多得多。虽然如此，依附统治者仍旧很重要，而这也是为什么伊本·法德兰所述的领主的葬礼完成时，会有一根标记好的木板插进墓土中，上面刻着逝者与国王的名字。

像比尔卡周围的军事防御和维佩济夫这样的地方在中世纪早期的欧洲很常见，在法兰克和奥斯曼帝国也为人熟知。在必须维持对所占领地控制的边境地区，这样的地方尤为普遍。相反地，它们也会出现在需要阻止外来入侵威胁的地方：9世纪阿尔弗雷德大帝为抵御维京人而建的大规模"堡"（burhs）的建筑就是最好的例证。这些地方的另一个作用是收贡金，这点常在西欧的法兰西人那里能看到。这为许多经济体提供了固定收入，相当于一种制度化的掠夺方式。这些东部定居地和防御工事显然也有同样的作用。

令人沮丧的是，我们想弄清9世纪早期他们的政治组织架构，但与这些群体相关的书面记录却很少。不过，线索或许可从邻近的拜占庭帝国的重要事件中找到。839年，西奥菲勒斯皇帝在克里米亚黑海北岸的半岛上建了个名叫"克里马塔"（Climata，意为"区域"）的新区。这显然是战略举措，因为这里是拜占庭领土中离他们的一些主要对手比如马扎尔人（匈牙利人）和哈扎尔人最近的一块区域。新区的建立显然是出于军事原因，其中有一个规模相当大的拥有2 000人卫队的永久性要塞。西奥菲勒斯定是

8. 珠子：十字路口

觉得有失去克里米亚的危险，而新的罗斯国可能就是缘由。毕竟，新区建的那年恰好是罗斯代表团在法兰克受"虔诚者"路易接待的那年，也是在那时我们第一次听到了他们的称谓。

就在那年，哈扎尔人自己也明显感受到了威胁，因为他们那时派了大使拜见西奥菲勒斯请求帮助改善他们基地的防御工事，即顿河上的萨克市，也就是现今的俄罗斯南部。西奥菲勒斯立即同意并派了一支有建造者和建筑师的远征队。在返回拜占庭首都君士坦丁堡时，该任务的统领说克里米亚的拜占庭领地的确受到了威胁，而这群人也令哈扎尔人感到担忧。没有人真正知道这里的威胁指的是谁，尽管后来的一些资料表明是马扎尔人，但更可能的是修建防御工事是为了抵御一个新兴的罗斯国的发展与威胁。[3]

《圣贝尔坦编年史》中提到的罗斯人去法兰克的远征也对我们了解政治组织有一定启示。从记述中可明显看到，该群体是由一位在信中被称为可汗（Khagan）的首领派到这里的，这个词是哈扎尔人用来指统治者的词。罗斯人为何要去法兰克王国尚不清楚，但有人认为这次外交之旅可能是为了宣布位于第聂伯河某处的一个新统治政权的建立。[4]无论如何，这便证明了在9世纪30年代建立了一个有统治者的国家。这件事足够重要，以至于君士坦丁堡和法兰克的统治者都接纳了（不管那些统治者是怎么想这些人的）。与此同时，如果拜占庭和哈扎尔人都感受到了威胁，那或许有许多不同的群体，而非仅仅这一个国家。也有可能在罗斯人的不同群体间有相当大的内部冲突。毕竟，这或许能解释为何维佩济夫的定居地似乎不止一次被大面积烧毁。也有人认为，839年，在罗斯代表团前往法兰克的途中,那些骚扰他们的人可能不是来自某个异国部落,而是另一群我们对其一无所知的维京人。在维京世界里,这些不同群体在同一地区活动是很常见的。一天晚上,我在维佩济夫的合作者在篝火旁也提出了类似的观点:这片领地可能曾被一支独立军队统治,而这支军队我们在书面资料中无法看到。就像英格兰的维京大军,历史文献中只提到在那里有一些半独立的首领。

这些东部领地很可能是由领主来统治的,而罗斯人的土地则分为不同的政治主体,且彼此之间常有战争。在维佩济夫和附近的定居地,似乎在层层烧毁的遗存中留有相关证据:烧焦的木头遗迹证明大火席卷了作坊和房屋,结束了其短暂的生命,并将这些变成了一千年后我们所看到的沙质沉积物中焦黑的夹层。这些焦黑的夹层通常与历史上经证实的领主和冲突有关,但似乎也很可能主要人物不经意间被遗漏了。这一观点的一个可能的阐述可在 10 世纪拜占庭和罗斯人之间的一系列贸易条约中找到。条约中列出了许多被称为使者或代表的个人。这些人究竟是谁尚未有定论。一些人认为他们是德鲁日纳成员,即基辅王公的随从。然而,其他人令人信服地表明,这些人总共有 25 人,代表了罗斯人领地上半独立的统治者或土地所有者。这可能与斯堪的纳维亚的政治情况非常相似,由一些本地领主或"小国君王"统治。[5]

我们应该还记得之后 10 世纪的萨迦文献描述了斯堪的纳维亚的维京人对东部领地的袭击,如斯诺里在《挪威王列传》(*Heimskringla*)中记述的 997 年。斯诺里说,这一年一位名叫埃里克(Eirik)的伯爵前往瑞典,到了那里瑞典国王给了他土地和自由。

8. 珠子：十字路口

他召集了一些人和船去哥得兰岛，在那里他用了一个夏天观察商船，还偶尔会袭击沿海地区。第二年春天，他穿过波罗的海到了"瓦尔德马（Valdemar）的领地"，抵达并围困了阿尔德加博格（旧拉多加）。占领城堡后，他杀了很多人，在接下来的五年他"在加尔达瑞克到处破坏"，后来他回到了斯堪的纳维亚。大概这次袭击的目的是获取战利品而非任何形式的定居，若果真如此，没理由类似的抢掠不会发生在更南边的地方。

一个关键是这些新的群体能理解并利用内部的政治关系、冲突和变化。斯拉夫部落的人是农人，而非战士，他们的社会规模较小。他们一直在哈扎尔人的剥削和控制下，所以斯堪的纳维亚人不过是采用了另一种压迫形式的入侵者，可能在这种情况下当地人别无选择只能服从。为了实现这一点，维京人需要很好地了解当地的知识和信息，要有很好的战略以及一个以武力威胁便足以说服民众服从的名声。即便在这些遥远的地方，消息也会传得很快。

另一个关键是东欧的斯堪的纳维亚人没有整块连在一起的领地，而是分散在一个非常广阔的地区，就像不同群体和部落间的小块区域。这种情况在西方的英格兰、爱尔兰和法兰克也有。维京人的优势在于他们调整和适应的能力以及找到（更确切地说，是占用）有利位置的能力。就像这样，在超过数百年的时间里，在西方和东方都保持着一些一致的文化、特点和行为模式。只有不同地区间的人一直流动，不仅从家乡走出去，还要走回来，如此这些才能留存和持续得如此之久。

虽然我们正不断了解这些贸易港口及其更广泛的政治组织的

整体情况，但几乎没有留下与主要人物有关的证据，尤其是与女性角色相关的。但有个地方可能会有更多答案。离维佩济夫不远处还有个名叫舍斯托维萨（Shestovitsa）的地方，这里比较有名是因为曾是大多数研究的关注对象。20 世纪 20 年代，首次在这里进行了挖掘工作。舍斯托维萨位于德斯纳河右岸，在切尔尼戈夫东南方约 14 公里处，有两个堡垒和一个定居地，其中有数百处墓葬。如今，该遗址的大部分都被茂密的松林覆盖着。20 世纪 50 年代种的这些松树对埋在地下的东西造成了损害；树根穿过沙土，移动并破坏了地下沉寂了一千年的遗存。

尽管如此，我们还是清楚地知道那里发生过什么。这里最初是个斯拉夫人的村庄，在 900 年之前的某个时候发生过一场大火。后来，在河上的一个岬角上建了个山堡来加强这里的防御，显然是个易守难攻的位置，从这里可以看到整个河漫滩。这个地区现在很干燥，因为德斯纳河在远一些的地方流淌，曾缓缓流淌的支流如今成了一片向日葵花田。山顶上的要塞很快就与西边发展起来的定居地融合在了一起，那里因人口不断增长，所以有大量的墓地。在建筑内发现了铁和沥青生产的证据，暗示手工艺生产有非常明确的目的。

地点的选择也引人注意。维佩济夫和舍斯托维萨都是战略性选址，有制高点，在那里能看到周围的情况，也邻近干流的某条支流，更方便卸载船只。许多这些地方都与波罗的海周围的定居地和商贸中心有共同之处，那就是所处的位置可以转换交通方式，可以从海到河，或是从内陆河流航行。12 世纪的维佩济夫是在更大的城市之间骑马时可以换马的地方，而且这些地方中的一些很

8. 珠子：十字路口

可能也能在冬季的内陆前行。

这让我们对船有了一种有趣的想法。如果不能乘坐同一艘船一路长途旅行，就会需要一个安全港口停下它，可能会停很长一段时间，而且需要有另一种交通方式让你继续前行。除了战略性地使用河道，平原上则需要有马匹和骑兵。这也是与瑞典比尔卡附近梅拉伦地区的另一个相似之处，周围多是需要监管的广阔地貌。[6]

然而，舍斯托维萨的墓葬才是最壮观的，并且告诉了我们许多有关居住者是谁的信息。就像维京世界的其他地方一样，一些墓有火葬和土葬，许多都埋在土堆下。墓葬中经常有斯堪的纳维亚的工艺品、珠宝和各具特色的武器。显然，很多逝者都与斯堪的纳维亚有某种联系，尽管也有一些墓葬仅表明了是当地斯拉夫人的葬礼。以前关于舍斯托维萨与斯堪的纳维亚人的联系一直存在强烈争议。苏联曾于1946年将考古学家斯坦科维奇（Y. V. Stankevich）派到那里进行挖掘，部分是为了证明那里没有斯堪的纳维亚人的墓。然而，多年发掘的物品目录中有从武器到玻璃游戏套件等各类物品。有让人想起英格兰铅制套件的简化版，也有与瑞典版相同的几个蓝色玻璃人物套件。DNA证据现在表明舍斯托维萨墓葬中有两人很可能有"类瑞典"或"类挪威"的血统，且两人是兄妹。

值得一提的是，在舍斯托维萨还有约30个墓室都与在瑞典发现的尤其是在比尔卡发现的墓葬有很多相似之处。其中一处是木质结构的地下墓室，里面有一具遗骸和一匹马，马身上佩着一件装饰着镀金银饰的极好马勒、一个马鞍和一具嵌着银丝的马镫。

墓室里还有一把斧、一柄带着饰有斯堪的纳维亚风格盘龙图案的剑鞘的剑、一把装饰奢华的格斗刀、一件披风和一枚可追溯到 10 世纪早期萨曼王朝的迪拉姆。不过，最引人注目的是挖掘者发现了逝者的头，逝者仅存的几块头骨上面大量的有机物表明其曾戴着一顶饰有华丽锥形银帽尖的毛皮帽子，几乎与比尔卡 Bj.581 号墓中的女勇士所戴的一样。此外还有珠宝：在一个包里，有一串由 41 颗镀金玻璃珠串成的项链，还有两枚银戒指。我们不知道这位逝者的性别，因为骨骼特点还不明晰。不过，其与 Bj.581 号墓葬的相似之处无可辩驳，两者间也因此有了紧密的联系：比尔卡的勇士属于罗斯人的世界。无论如何，女性也是这其中的一部分。

第聂伯河的女人

在舍斯托维萨有其他有关女性角色的线索。那里的一些女性有醒目的椭圆龟形胸针陪葬，这些胸针在其他地方被认为是维京女性存在的证据。如果我们以同样的逻辑去想在英格兰发现的女性服饰珠宝，那伴随女性迁移又作为这里女性陪葬品的这些物件很可能也是从斯堪的纳维亚而来。伊本·法德兰甚至也提到了这些胸针，他描述罗斯人和他们的颈环时，还说这些女性的胸前戴着个"盒子"。这可能与普通的龟形胸针一样，也可能是哥得兰岛上常见的一种盒形胸针。那这些女人是谁？她们也是斯堪的纳维亚人吗？

我想起了僧侣内斯特写的关于第一次来这个地区的兄弟的一

8. 珠子：十字路口

段话。他说，在《罗斯初期编年史》中他们带来了所有的亲族和其余"迁移"的瓦兰吉罗斯人。换句话说，如果我们相信他说的，那这真的是一次以家族为基础的迁移，而非一次全体男性的远征。内斯特的这段记述鲜有相关评论，但我们应该没理由怀疑整个家族向东的迁移。考古证据支持了这一点。在其他地方，比如格涅兹多沃，有几处墓葬中显然埋葬着女性，且其不仅与斯堪的纳维亚人有联系，还有较高的地位。

在对乌克兰双墓穴的描述中，女性也常被提及，就像维京世界的其他地方常有的那样。其中一些似乎特别感人，描述了一男一女并肩的遗骸，手牵着手，或者是男人的手臂环抱着女人，看起来像是充满爱意的拥抱。每处墓葬都经过精心安排，像是凝固在时间中的生动画面。画面呈现了两个故事：一个有关一对夫妇，能看到他们在生活中可能的关系以及他们在后世想要在一起的愿望；另一个是将他们放在那里的哀悼者，以及一定有的葬礼仪式展示。这样的墓葬清楚地表明了墓葬对活着的人和逝者同样有益（甚至更为有益）。

然而，这种做法有着险恶的一面，这暗示了在男女双墓穴中，并不是偶然的同时死亡，而是女性跟随男性进入后世的献祭和死亡。虽然这种解释是何时产生的并不清楚，却一直存在。部分原因是伊本·法德兰记录的葬礼场景，但也有部分原因源自北欧神话。例如，奥丁的一个儿子巴尔德尔（Baldur）即将被火化时，他的妻子南纳（Nanna）因悲痛万分而即刻死亡，且葬在了丈夫身旁。

一些墓中似乎有可能进行了献祭，比如挪威的一个可怕的例证，陪葬者的手和腿被绑在一起，这表明这些人是以某种方式被迫死亡的。然而，这与舍斯托维萨在一起的夫妇所受的待遇是不同的，夫妇两人受到了同等待遇，都有陪葬品、珠宝和武器。女性追随男性死亡的普遍解释显然在与殉夫等的比较中受到了启发。这一做法在印度一直实行直到英国殖民统治才被禁。在这一过程中，悼念亡夫的妻子会在丈夫的火葬堆上随他一起死，且会将这些女性与湿婆的妻子女神萨蒂（Sati）联系在一起，这位女神为抗议父亲不尊重丈夫而投身火海。sati 这个词来自梵语，意为"好女人"，指那些以这样的方式献身的人。有趣的是，马苏迪 10 世纪中期的记述中直接将罗斯人与印度的葬礼仪式联系了起来，说住在哈扎尔人都城伊蒂尔的罗斯人中，有位女性在丈夫死后"活着自焚"（而不是死后火葬）。他说，这是她自己想要的，为了以这样的方式进入天堂，这与在印度发现的情况相似。

也许能支持这一观点的是 10 世纪阿拉伯作家伊本·吕斯塔的记述，他也描述了罗斯人的葬礼习俗。他说，如果重要的人死了，他们会将逝者放在像"一个大房屋"的墓中（可能是个墓室），同时还会放进珍贵的物品、食物和祭品。他又解释说："他特别喜欢的一个女人会被活埋，然后封墓，她就死在那里。"还不清楚我们应对他的话给予多少关注，因为他并未亲身体察，更多的时候他被称为"扶椅地理学者"。大概伊本·法德兰所述的女奴是被当作妻子葬在了主人身旁，而从这种埋葬方式中我们不太可能知道有关她此前身份的任何信息。因为在这里，她实际上死后成了逝者深爱的伴侣，几乎没有什么能遮掩这一信息。记述中她被"死亡天使"杀死的方法在遗骸上几乎不会留下什么痕迹，火化后自然更不会有。

在伊本·法德兰的报告中有一点鲜有提及，即在他的记述中有奴隶要求自愿献祭，而通常男奴和女奴都有可能，尽管根据作者的说法，通常自愿去的是女奴。这则简述很重要，因为其强烈地表明了重要的并非奴隶的性别，而是需要有人陪着领主死去。可能很难将这点与被杀前"自愿献祭者"经历的性剥削联系在一起，但会让明确为追随"她"的男人而亡的女性献祭不太可能成为惯例，因为这里只是需要有人在他身旁。我们也应该能记起"奥赛贝格"号葬船中有两位女性，并不是一对夫妻。显然，这两个人中的墓主不需要在后世有个丈夫。或许性别对死亡而言终究没那么重要。

但所有这些推测都有问题，因为性别角色的假设让我们很难更广泛地认识女性在这些领地上的角色，也很难将希腊史学家斯基利特斯有关女性在罗斯人的战争中战斗的评述置于当时的情景之中。随着 Bj.581 号墓葬中东方联系的发现以及女商人证据的发现，我们也要相信有一个女性在其中可以发挥重要作用的罗斯人的世界。这一点在书面资料中甚至有明确的说明。在见证拜占庭条约的使者名单中，经常讨论的事实是他们中的许多人有斯堪的纳维亚的名字，但通常忽略的事实是名单中有几位女性的名字。这可看作女性能在 10 世纪的东部地区掌权的有力证据，其中一些可能还是斯堪的纳维亚人。

在这样的情况下，有位非常有权势、名声尤为响亮的女性，她就是基辅的奥尔加（Olga）。奥尔加是伊戈尔（Igor）王公的妻子，而伊戈尔是传奇人物留里克的儿子。"奥尔加"这个名字源自斯堪的纳维亚语海尔格（Helga），尽管许多人质疑她的斯堪的纳维亚血统。在《罗斯初期编年史》中，她是一个特别恶毒狡猾的统治者，一心要用一些相当有创意甚至可怕的方式为丈夫复仇。伊戈尔在945年外出收贡时被德雷夫里安人（Drevlians，一个东部斯拉夫人的部落）杀害。奥尔加取代儿子斯维亚托斯拉夫（Svyatoslav）继任王位，因为当时斯维亚托斯拉夫还太小无法独自统治。这部编年史中记述了她用各种手段寻求复仇的生动细节，尽管可以合理地认为其中大部分记述都是虚构的。

奥尔加的复仇有三个方面，且不择手段。首先，一位德雷夫里安王公马尔向她求婚，她同意了。但代表团乘船抵达基辅时，她将所有人都扔进一个深坑里活埋了。之后她送信要求德雷夫里安的贵族与她同行陪她去找她的未婚夫，因为她一个人去不合适。贵族们到达基辅时，受邀去浴池清洗，奥尔加把他们都锁在里面，放了一把火，让他们都死在了那里。

这还不够，到了了结其余德雷夫里安人的最后一步，奥尔加带着一支庞大的军队来到了他们的首都斯科罗斯腾（Iskorosten）。她未来的丈夫马尔王公不曾察觉，还不知道他手下人的命运，所以他还好心为他们准备了一场盛宴。吃完后，奥尔加和她的军队尽可能多地屠杀了她的仇敌，但即使如此还不够。幸存的人请求宽恕，表示要进贡。奥尔加同意了，但她说只要每户送三只麻雀，毕竟，她能看到在她的袭击下他们已遭受了多大的痛苦。德雷夫里安人欣然遵从。鸟儿送到后，奥尔加命她的手下在每只麻雀身上都系上一根线，上面绑着一片硫黄。傍晚，放这些鸟儿出去，鸟儿飞回家，回到城镇建筑房椽上的巢。硫黄让屋顶着了火，整

8. 珠子：十字路口

个城市烧成了灰烬。

奥尔加无情杀死德雷夫里安人的描述中提到了与悲惨的萨尔梅之船同样令人恐惧的情况，船上的人很可能是外交使团里的一些人。德雷夫里安人派了 20 名 "最优秀的人"，第一次都在船上被杀了，他们本打算试图说服奥尔加接受王公马尔的求婚，之后第二次派来的是一群领主。同样有意思的是，在这两种情况下德雷夫里安人显然仍希望受到欢迎，且没有质疑奥尔加的要求，也没有质疑见面前去浴池清洗的邀请。这样的安排似乎司空见惯，也是外交关系的部分表现，而这与埋葬萨尔梅人的方式也非常吻合。

奇怪的是，尽管她嗜虐成性，但今天的奥尔加仍受天主教和东正教的尊敬。这是因为在复仇后，她改信了基督教，她也是第一个这样做的基辅罗斯的统治者。此外，她也努力改变她的民众的信仰，尽管她的儿子斯维亚托斯拉夫仍是异教徒。奥尔加死后，斯维亚托斯拉夫不顾自己的宗教情感，按她的遗愿为她安排了基督教的葬礼，奥尔加便成了受人尊敬的圣人。据《罗斯初期编年史》记载，是在位的拜占庭皇帝君士坦丁七世让奥尔加改信了基督教，因为他想娶她，但似乎他的出发点并不完全是高尚的。可奥尔加拒绝了他的求婚，带着金、银、丝绸和"各式各样的花瓶"等礼物回到了基辅。她到家时，收到了一封信，信中拜占庭皇帝提醒她，她曾答应送还他奴隶、蜡和毛皮，还有士兵。奥尔加拒绝了。她说除非他在她的领土上与她待的时间同她在博斯普鲁斯海峡待的时间一样久，她才愿意这样做。

如果一位女性在 10 世纪的罗斯人中拥有如此大的权力，而在此几十年前军事力量强大的埃塞尔弗雷德也在麦西亚采取了行动，那我们为何要质疑 Bj. 581 号墓主或"奥赛贝格"号"女王"可能会有相似程度的军事地位和权力？在书面资料中似乎没有关于奥尔加掌控这种位置的任何疑问，或者任何罗斯人难以听从女人命令的情况。《罗斯初期编年史》对她的性别没有任何方式的评论或质疑。显然，她掌权是必然的，因为儿子太小且在此期间没有其他领主能合理地取代他的位置，但实际上她不仅乐意而且能承担这样的角色，更不用说她这样做还得到了支持。这一事实应该告诉了我们有关当时女性在那里的角色的一些信息。

身份融合

不论奥尔加的残忍故事是否属实，关于她和她儿子斯维亚托斯拉夫的叙述具有一定启示是有许多原因的。首先，关于宗教。奥尔加成为基督徒时，她的儿子仍是异教徒。但两人仍共同执政，也未因此引发任何重大问题。这表明在 10 世纪早期转变信仰的过程是渐进且温和的。其次，他们融合了斯拉夫和斯堪的纳维亚的身份。《罗斯初期编年史》提到斯维亚托斯拉夫身边的许多人显然都有斯堪的纳维亚名字，比如，他的老师艾斯蒙德（Asmund）和军队指挥斯韦恩纳（Sveinald）。尽管如此，似乎在这个时候身份开始融合，因为斯维亚托斯拉夫是第一位使用斯拉夫名字的基辅统治者。

虽然其中一些可能并不能准确地反映他们在 10 世纪的想法，

8. 珠子：十字路口

而只是内斯特记下来的情况，但这很重要。罗斯人留下的永久遗迹显然是在附近的切尔尼戈夫，即舍斯托维萨北边的一个城市。如果你走过城市公园，就会发现到处都是起伏的小土堆，大多数上面都盖着细长的树叶。每个小土堆都是可追溯到维京时代的墓葬，市中心就有好几百处，尽管我们不知道这些逝者是否来自斯堪的纳维亚。

接着，在公园出口，在一个陡峭山崖的最高处有两个挨着的大土堆。这是切尔尼戈夫有重要意义的三处墓葬中的其中两处，而第三处也是最著名的，它在不远处，目前夹在建筑间，被称为"切尔纳莫吉拉"或"黑色坟墓"，高 11 米。传说这是所谓的黑王子的安息地，一些人认为是他在一千年前建了此城。

墓中的人（其中有两位）与斯堪的纳维亚人的关系较明显。19 世纪 70 年代的挖掘发现了这两具火化的遗骸和大量维京时代的物品：两个头盔、铠甲、刀和武器，两枚拜占庭的金币和精心准备的葬礼盛宴的遗迹，还有一个托尔的小铜像。据说，墓中也有奴隶遗骸，但这方面的文献不太可靠，也可能是创造性的解释。不过，从所有这些墓中可以清楚地看到，这代表着一个精英群体，他们通过斯堪的纳维亚的传统埋葬方式维持着权力和非常具体的身份联系。

难以弄清身份在这里是如何构成的，也难以准确了解斯堪的纳维亚的影响程度，实际上我们也可能做不到。在西方我们也有同样的问题，这里的维京人最常被称为丹麦人（或者就是异教徒），但新的证据表明，从种族或地理视角来看这并不能准确反映他们的身份构成。生物考古学非常明显地说明了这一点，想必在东方也是如此，我们只是还没有足够的证据来证实。目前为止，在很多情况中，没有同位素，没有 DNA 研究，我们甚至不知该如何着手研究墓葬。可以明确的是这一地区很像比尔卡，是个多民族的大熔炉，有斯堪的纳维亚人、斯拉夫人、哈扎尔人以及其他人，而他们也都适应了罗斯人的文化背景。

我特别想质疑的是除了瑞典的维京人很少有人向东方走的观点。这一看法一直是主流说法：丹麦和挪威的维京人向西，瑞典的维京人向东。这在很大程度上可能就是真实情况，因为许多考古证据和文献都支持了这一点。但这整个图景真的如此简单吗？

要考虑的一个重点是东西方之间是否有比我们此前思考的更为直接的联系。9 世纪 70 年代一些物件从东方进入英格兰，这一证据变得越来越重要。但由于文献对此保持沉默，我们不得不寻找其他线索，这其中有件特殊品类的物件非常有意思，即猎鹰鞘。这些装在剑鞘底部的小金属饰物非常有特点：用青铜塑的高飞的猎鹰。其与东方的联系是不可否认的。一项调查显示，除了一个例外，在维京世界更西边的地区还没有发现过这些。[7] 绝大多数是在瑞典、波罗的海沿岸及东欧地区发现的，最南边的是在基辅发现的，还有四个是在舍斯托维萨的墓葬中发现的。唯一一个在斯堪的纳维亚西部的记录是在布列塔尼海岸的格鲁瓦岛（Île de Groix）上的神秘维京葬船中。

现在还可查看另一个地方：英格兰"可移动文物计划"金属探测员的数据库。在那里，我发现了更多。数据库中还有另外四把鞘，都是近年来金属探测员发现的，还提到至少有两把没有出现在数据库中。现在信息都匹配上了，这是令人兴奋的消息。这

8. 珠子：十字路口

暗示了这些鞘与瑞典或东方有直接联系，或者与两者都有联系。是通过贸易还是随着所有人一起来的尚不清楚，但会令人情不自禁地将其看作那些向西行进的东方勇士卫队成员的所有物。这是我们以前没有的证据：文献中的所有研究都表明这些鞘的分布完全在东边。现在看来这或许不能完全反映事实。

我们回到 10 世纪的第聂伯河地区时，会发现不仅沿这些河流分布的罗斯人的地点数量增加了，而且似乎他们的组织也变得更为复杂了。在他们发展的第一阶段，大多数出行就在这些地点与北方之间，来来回回地去诺夫哥罗德和更远的地方。之后的阶段，随着关注点向南转移，这种情况发生了变化，人们越来越多地将目光转向满是财富和贸易商品且沿河航行几周就能到的特大城市——拜占庭的首都君士坦丁堡。

9
龙首:去米可拉加德和更远的地方

圣索菲亚大教堂　伊斯坦布尔　约945年

　　楼内很冷，但四面而来拥挤的人群减轻了空气中的寒意。外面天要黑了，但透过窗仍有微光闪烁，粒粒灰尘在明亮的光束中飞舞，光束穿过了中央穹顶，照亮了对面墙上无比明亮的金色背景。这些人像安详地俯视着你，看上去和蔼可亲，但对你而言几乎没什么意义，它们是其他人的神。楼下传来的说话声令人心安，尽管你不知道那些话的意思。你累了，靠在一根平滑的石柱上。用手环绕触摸时，你会摸到有人在上面留下的记号：图形、人像、文字。你摸到挂在腰带上的刀，在石头上试一试。石头的材质非常软，只需要一点力气就能留下你的记号。你从顶部开始，切出细细的曲线。旁边的人注意到了，微笑着问你要做什么，你笑着告诉他要有耐心。很快，图形出现了，隐约可见一个曲线勾勒出的向西的龙头，一只大眼睛亲切地看着你。你雕刻出它的脖子，它就会变成上面挂着盾牌的船体，随时准备行动。

9. 龙首：去米可拉加德和更远的地方

米可拉加德

　　第聂伯河蜿蜒向下流到黑海的西北边缘，在那里最终流入第聂普罗夫斯卡湾（Dniprov'ska Gulf）。再往前是个名叫别列赞（Berezan）的小岛，岛很小，仅有 900 多米长、300 多米宽。现今岛距海岸约 2.4 公里，但在以前可能是与陆地相连的。这座岛位于第聂伯河入海口的位置，这让其变得像个哨兵，为向北前行的人守着河流体系的入口，或者为向南行进的人守着黑海入口。这里早在 7 世纪时就有了定居地，在一千年多年前希腊史学家希罗多德还曾来过这里。在这个小岛上，有着一些人冒一切风险进行危险旅程的痕迹，而这些是在靠最东南的如尼刻文中发现的。

　　1905 年，考古学家在岛上挖掘了一个长期重复使用的墓，新墓似乎是随机插入的。挖掘者发现了十具骸骨，其中一具在石棺里，头骨和上半身放在一块平坦的石头上。一名工人抬起石头准备扔到石堆时，负责这次考察的考古学家注意到石头底部有刻文。石头上弯弯曲曲的如尼文写着："格拉尼（Grani）为纪念同伴卡尔（Karl）而建此墓室。"别列赞石是迄今为止在乌克兰或俄罗斯发现的唯一一块如尼石刻。然而，这些如尼文的雕刻风格显然表明雕刻者或许还有格拉尼和卡尔都来自哥得兰岛。[1]

有趣的是，译成"伙伴"的这个词是古北欧语中的 felagi，指的是在劫掠或贸易方面的伙伴关系，也可能两者兼有。这个词也用以指那些共同拥有某物的人，共有的可能是一艘船，或许他们俩是生意伙伴。我们无法确定石刻的年代，但我们可以猜测这些人的最终目的地是哪里。许多维京人可能会在那里结束他们的旅程："大城市"米可拉加德（Miklagard），名字由 mikill（意为"大"）和 gardr（意为"城墙"或"据点"）两词合并而成。也就是拜占庭帝国曾经的首都君士坦丁堡，即我们今天更熟悉的伊斯坦布尔，这里连接着东西方。从别列赞去米可拉加德径直就能到，沿着黑海海岸航行，向着西南，直到走到一湾约 4 公里宽的海峡，即通往西方的门户博斯普鲁斯海峡。这条 30 公里长的海峡分隔了黑海与连接地中海的马尔马拉海（Sea of Marmara）。在海峡的西端坐落着现代城市伊斯坦布尔，这便很容易理解为何这里曾（且现在依然）具有如此重要的战略意义。

罗斯人首次出现在米可拉加德的文字记录我们已经看到了，虽是间接的，但看起来是相对平和的。在因格尔海姆拜访"虔诚者"路易的代表团称他们是瑞典人的部落，还带了一封来自拜占

9. 龙首：去米可拉加德和更远的地方

庭皇帝西奥菲勒斯的信，信中说他们的旅程一定是从拜占庭开始的，这很有可能就是从君士坦丁堡开始的。这里说罗斯人早在839年就来到了君士坦丁堡，比第一次有记载的劫掠早了几十年。虽然我们不知道他们是否经由第聂伯河路线到的那里，但他们的出现很重要，因为这意味着斯堪的纳维亚人从9世纪早期就与拜占庭有了接触。不只是其他任何形式的联系，还携带着皇帝本人为他们担保、替他们求援的信前行，这肯定意味着外交关系相当好。

在伊尔曼湖畔的鲁里科沃戈罗迪舍发现了一枚西奥菲勒斯时期的铸币，还有一枚9世纪上半叶的拜占庭官方印章。这显然表明了这或许就是当时走的路线。在斯堪的纳维亚的贸易点如海泽比、里贝和比尔卡也发现了类似的印章，这表明迁移和贸易是双向的。所有这些都表明，在西奥菲勒斯之前斯堪的纳维亚人可能已经在君士坦丁堡待了很长一段时间，这些印章可能不代表他们是初次来此。

同样重要的是要明白，这些最早的接触似乎是和平的。然而，出于一些原因，情况似乎很快发生了变化。第一次有记录的发生在君士坦丁堡的袭击是在几十年之后的860年6月18日。接着到9世纪下半叶，这里的罗斯人不仅数量众多，足以发动如此大胆的袭击，而且他们的政治组织也足以建立一支整合不同军事力量的军队。他们一定不仅对这座城市及其防御工事非常熟悉，而且也熟悉那里的安全路线包括物流。

同时期有关这次袭击的记述是由君士坦丁堡的大主教波提奥斯（Photios）所述，他的记述令人有共鸣，对袭击者的描述措辞严厉。据波提奥斯所说，他们从"无名国家而来，没有这个国家的相关记述，没听说过这个奴隶的国家，但从对我们的远征中赢得了名字。它当时微不足道，如今却出了名，那时谦卑、贫困，如今却有了很高的地位和无尽的财富。这个离我们的国家很遥远的国家，是野蛮的、游牧的、傲慢不羁的，无可匹敌却无人领导"。波提奥斯清楚地表明，这些人不仅来自遥远的北方——你能想象到的最北的地方，而且他们还通过河流和"无港口的海洋"出行。他继续解释说，入侵者航行通过城墙，举起他们的武器，"好像要以剑杀戮来威胁这座城"。

《罗斯初期编年史》也提到了这次袭击。内斯特的记述更富有想象，有文学故事的所有特征（没有什么证据表明这个版本的记述要比波提奥斯的版本更真实）。内斯特声称这次袭击由两名瓦兰吉人阿斯科尔德（Askold）和迪尔（Dir）领导，他们与留里克一起来到东部，后被留里克的继承人奥列格杀死。①

不论第一次袭击的结果如何，后来情况有变。从那时起，罗斯人成了君士坦丁堡必须应对的一个可靠且重要的群体，也是拜占庭外交政策重要的一部分。一段奇怪的爱恨关系随之而来。奇怪的是，解决这个问题的一个最佳方法就是改信基督教。据说，首次袭击非常成功的罗斯人其命运很快改变了：在回家的路上，他们遭遇风暴而亡。因此，一位罗斯首领派了一位使者到君士坦丁堡请求洗礼，而拜占庭人也非常乐意帮忙。这与 878 年在英格

---

① 《罗斯初期编年史》中说阿斯科尔德和迪尔在后来成为基辅的地方停了下来，在那里他们统治着波利尼国（Poliane）。显然，罗斯人到达时，这里是一个斯拉夫国家，尽管没有其他证据证实这一点。

9. 龙首：去米可拉加德和更远的地方

兰发生的事情类似。874 年离开雷普顿的一位维京大军首领古特仑为了让阿尔弗雷德国王同意签约，在 878 年接受了与他的几个手下一起受洗。虽然如此，但这个新发现的宗教似乎没在罗斯人中间得到太多青睐，因为这个地区的墓葬继续保持着明显的异教特点。

《罗斯初期编年史》记述了 904 年由奥列格领导的罗斯人的第二次袭击。这次攻击规模可观，显然奥列格带了 2 000 艘船，船载满了来自不同部落的"异教徒"：斯拉夫人、瓦兰吉人、波利尼亚人（Polyanian，在基辅附近）和克罗地亚人（Croat）等。他们到君士坦丁堡时，皇帝已做好了准备应对他们。为阻止袭击者，他"加强了海峡防御并封了城"。然而，奥列格并未因此气馁：他下了船并命令船只靠岸，之后袭击者继续对当地人可怕地施暴：毁坏宫殿、烧毁教堂、抓住俘虏，折磨后扔进大海。

奇怪的是，这部编年史记述，某个时候奥列格命令他的勇士给船装上轮子，然后展开船帆，等顺风的那一刻他们"从空旷的乡村出发向城市进攻"。直到那时，守卫者才意识到他们遇到了麻烦，派信使去奥列格那里，请求他不要摧毁这座城，并向他进贡以阻止他们继续前进。但他拒绝了用来安抚他的食物和酒（奥列格不傻，他知道里面肯定下了毒），而是要求以当地货币按每人 12 格里夫尼（grivny）的价格提交贡金。据估计，他的 2 000 艘船每艘约有 40 人，这意味着总计要 96 万格里夫尼，显然是笔相当大的数额。

在接下来的几年，君士坦丁堡与罗斯人之间的关系交融似乎令人困惑，袭击后是外交博弈，之后双方都意识到了和平交往最有益。这种变化的确切实质尚不明晰，而这也提出了一个问题，就是我们是否面对的是同一个延续的群体，书面资料中用的"罗斯人"一词是否实际上代表的是一些不同的群体。无论如何，《罗斯初期编年史》的部分内容让我们得以一窥这些人的生活。在这段历史中最可靠的部分可能是展现商人与拜占庭人之间关系的一系列条约。911年9月2日有人为那些想与君士坦丁堡做生意的人制定了规则：最有可能是罗斯统治精英的15个成员应邀与皇帝利奥六世（Leo Ⅵ）签署了两国和平友好条约。其中5人明确有古北欧语的名字，卡尔（Karl）、法尔乌尔夫（Farulf）、维尔蒙德（Vermund）、赫罗拉夫（Hrollaf）和斯泰因维斯（Steinvith）。

皇帝显然意识到了沿河的贸易往来有多么危险，他确信如果他想鼓励他们继续和平交易，那势必要有一些奖励。因此，他给了罗斯人许多额外补贴。他对那些成功到达大城市的人免除关税，到达后不仅可免费食宿，还可以领每月补贴，包括面包、酒、肉、鱼和水果，最多可领6个月。当然，免费洗浴也包括在内。当其准备沿河返回时，皇帝还会提供帆布和锚来助力航行。

然而，不带任何交易的东西是不能来君士坦丁堡的，因为条约明确规定"罗斯人不带物品来此不得获取每月补贴"。这些贸易权益是罗斯人的一项战略举措。来到米可拉加德他们就能获得资源和产品，而想在其他地方得到这些虽不是不可能但也很难。

尽管是看似友好的合作，但拜占庭人对他们的客人仍保持警惕。一旦罗斯人到了君士坦丁堡，就只能住在城墙外圣马玛斯地区（St. Mamas）的金角湾（Golden Horn）北边，而他们进城时，只能从一个指定的门进入。不允许他们携带武器，每次最多只能

9. 龙首：去米可拉加德和更远的地方

进 50 人，且必须有一名皇帝代理人陪同。这些条约还规定了一些如何解决冲突的规则，比如，盗窃的受害者有权立即杀死当场抓获的窃贼。

很容易就能想象维京人在米可拉加德这里等待着合适的天气，然后开始漫长又危险的归家之旅时的情景；为了打发时间，他们在市集闲逛，用银换了一颗将会非常受欢迎的半透明橘色珠子。

君士坦丁堡

君士坦丁堡于 4 世纪由君士坦丁大帝所建，是"第二罗马"——罗马帝国的新都。作为其中的一部分，一项大规模的公共工程开始了。就在现在的苏丹阿合麦特地区（Sultanahmet），也是今天伊斯坦布尔的主要旅游地，君士坦丁大帝建了座新的皇家官邸，即"大皇宫"宫殿建筑群（Palatium Magnum）。

其不仅是皇帝的官邸，还是政府所在地，且在整个拜占庭时期一直如此。虽只挖掘出了一些宫殿的原有遗迹，但关于此的大部分信息都可从 10 世纪君士坦丁七世波菲罗根尼蒂斯委托编写的《仪式之书》（Book of Ceremonies）中获得。显然这是个宏伟的建筑群，宫殿在竞技场与圣索菲亚大教堂之间，一直延伸到博斯普鲁斯海滨。其中包括教堂、花园、庭院、正殿和浴室，显然为适应 32 米的海拔高度建在了 6 个独立的平台上。后来的皇帝重建并扩大了宫殿。得到许可进入这神圣领地的一位北方旅者定然会对装饰宫殿地板的精美镶嵌画印象深刻，细细描绘了诸多画面，从狩猎场景和外来生物到驴踢主人的幽默画面，以及神话中的鹰头格里芬（griffin）残忍攻击一头鹿的场景。这一切的四周是坚固的城墙。

君士坦丁堡的城墙名声不好是有充分理由的：这样的设计和修复意味着其能够在近一千年的时间里在很大程度上保护这座城不受侵袭。即便到了今天，城墙的大部分还是保留下来了，尽管根据特征难以分辨哪些砖石是皇帝狄奥多西二世在 5 世纪所建结构的一部分，因为之后的统治者，包括中世纪的奥斯曼帝国，继续修复、延伸和维护了这一防御工事。曾一度有 96 座塔楼保护着这个城墙，还有许多戒备森严的城门。整个建筑分三层，包括护城河。

如果这还不够，拜占庭人还有种恶名昭著的致命武器，能成功击败并阻止许多袭击者：希腊火药。在之后一篇有关罗斯人 10 世纪抢掠这座城的记述中，克雷莫纳（Cremona）的特普兰德（Liutprand）这样描述："希腊人开始向四周扔火药。罗斯人看到火焰，急忙跳下他们的船，似乎宁愿溺死在水中也不愿在火中被活活烧死。"希腊火药似乎是某种加热的液体，可能是原油与树脂的混合，通过一根管子向敌人开火，效果非凡。这就是维京人试图袭击这座城时要面对的情况，这便不难理解为何他们未能成功围城。即使他们成功了，皇帝本人可能也会安然无恙，因为大皇宫的防御工事包括连接竞技场和圣索菲亚大教堂的地下长廊，以及通向码头的隐蔽通道。

来这座城市的旅者还可参观竞技场，这个巨大的赛马场是君士坦丁堡繁忙的社交和典礼中心。景象很壮观，正中间有方尖碑

9. 龙首：去米可拉加德和更远的地方

和蛇头柱。这里的重要性体现在其中一块纪念碑上，狄奥多西的方尖碑。这块宏伟的石碑最初于公元前 1450 年由埃及的图特摩斯三世（Thutmose Ⅲ）雕刻，由君士坦丁大帝带到了这座城，最后由狄奥多西一世（Theodosius Ⅰ）立在了竞技场。

竞技场里的戏剧事件令人沉醉（不算你可能拿到的令人沉醉的酒）。那里有由快如闪电的马拉的战车，疾驰在将赛道分成两部分的中间柱的各个拐角。或许你也是来看比赛或杂技和异国动物的表演，坐在呈阶梯排列围着竞技场的木制座椅上，下面的竞技场有 429 米长。据估计，这里能容纳 3 万名观众，甚至更多。通常皇帝也会参加，坐在一边的贵宾包厢，他可以直接从皇宫进入那里。因竞技热情如此高涨，9 世纪的皇帝西奥菲勒斯自己也参加了其中一支蓝队，并下令要赢。

如果我们快进到公元 944 年，《罗斯初期编年史》中的另一份条约（可能是在罗斯人发动新的袭击后为重建外交关系而签订的）补充和重申了许多之前已知的信息，也有更多关于交易商品类型的信息。这份条约与此前的条约都详细规定了如何处理偷窃或逃跑的奴隶。根据这份条约，如果一个奴隶逃跑了没找到，主人就会得到两匹丝绸的补偿。然而，如果发现罗斯人在交易来自拜占庭领土内的奴隶，那这些奴隶可以通过支付不同的金额获得自由：年轻男性和成年女性价格最高，赎金是 10 个拜占庭帝国金币；而对中年奴隶来说，赎金是 8 个拜占庭帝国金币；最不值钱的是幼儿，只值 5 个金币。

我们在条约中还了解到了更多关于丝绸的内容。更具体地说，罗斯人不允许购买价值超过 50 个苏勒德斯（solidi，一种金币）

的丝绸。购买的丝绸在出口之前必须出示给皇帝的大臣，经由他们盖章。这清楚地表明了丝绸在君士坦丁堡有多重要。

虽然丝绸源自中国，但这种珍贵的织物可能早在公元前的青铜时代开始就在地中海东部很受欢迎，且几个世纪以来一直是从东方大量进口的。据中世纪一个传说所述，约552年两个基督教僧侣注意到了中国的丝绸制造，并将蚕卵藏在中空的竹条里想偷运回去给拜占庭皇帝查士丁尼（Justinian）。在查士丁尼的监督下，这些蚕卵开启了丝绸生意，且后来有了繁荣发展。

虽然这个故事不太可能是真的，但皇帝的确在君士坦丁堡成功地开创了丝绸业，种植了数千棵桑树来养蚕。很快，通常染成非常受欢迎的紫色的拜占庭丝绸成了重要的商品。

从10世纪的条约中可以看出，即便在几个世纪之后，丝绸贸易也仍受严格控制。对进入君士坦丁堡的他国丝绸也有限令：10世纪，叙利亚商人将丝绸和衣服从巴格达带到这里，但限令禁止保加尔商人在城里购买更高价的波斯丝绸。

丝绸作为财富和异国联系的象征，也是一种重要财富，打开了回斯堪的纳维亚的商路。在挪威"奥赛贝格"号葬船中发现了许多不同衣物上的一百多块丝绸碎片，其中至少有15种不同的面料。从编织手法来看，似乎大多都是在中亚制作的，有两件可能是由拜占庭的作坊所制。在比尔卡，49座墓中都有丝绸，而且发现了拜占庭和中亚两种品类，但在其中一处墓中挖掘者还发现了不同寻常的品类：一种带有星点图案的双色丝绸锦缎，可能是在中国制作的。至关重要的是，"奥赛贝格"号的埋葬时间是834年，这意味着在此之前就已经有了这样的贸易网，证实了英格尔

9. 龙首：去米可拉加德和更远的地方

海姆故事中提到的东西方交往的早期阶段。

甚至在英格兰和爱尔兰也发现了丝绸碎片：在都柏林、沃特福德（Waterford）、约克和林肯等地的维京时代遗址发现了近百块丝绸碎片。有的碎片较大，有 20 厘米宽、60 厘米长，几乎可以肯定是做头巾的，其编织方式也非常像拜占庭丝绸。更值得注意的是，其与在约克郡铜门（Coppergate）发现的一块碎片非常相似，很可能两块来自同一匹丝绸。这可以表明，织物是通过贸易获得的而非旅者携带的私人财产，但我们确有记述表明一些物品也是旅者自己留存的：在拉克丝达拉萨迦中，喜爱炫耀的博利·博拉松（Bolli Bollason，绰号为"艳丽的博利"）结束了在拜占庭皇帝私人卫队瓦兰吉卫队的工作回到了冰岛的家中，回家后就只穿皇帝赐给他的最精致的深红色的毛皮衣，使用黄金装饰的武器军械。

涂 鸦

对任何一位来君士坦丁堡的异国旅者而言，最壮观的可能就是圣索菲亚大教堂。这座教堂于 537 年由皇帝查士丁尼下令修建，是拜占庭建筑中的典范。那些从北方来到这里的人从未见过如此规模的建筑。即使在今天，其宏大的外观也在伊斯坦布尔的空中影像中占了主要位置。第一次走进大门，来自北方的旅者禁不住惊叹建筑的外形及其艺术性（尽管目前这种伊斯兰艺术与基督教建筑的奇特结合还需要些时间来适应——1453 年奥斯曼帝国征服君士坦丁堡后，这座教堂被改成了一座清真寺）。在这里我们也发现了唯一一件确定是维京旅者留下的东西。

如今，当你走进圣索菲亚大教堂［土耳其语为阿亚索菲亚（Ayasofya）］时，要经过一个很大的大理石入口，那里有个磨损得很厉害的台阶，称为"皇帝门道"。顾名思义，这是皇帝通往中殿的主要入口。一旦进入你就会看到巨大的穹顶，上面的装饰以及穹顶下缘周围的拱形窗户，光透过窗照进中心的空间。如果不是皇帝的随从，就要从侧门进，要走一连串的斜坡。走到这里是平缓的斜坡，上面铺着大小不一的石头，盘旋着穿过黑暗狭窄的走廊，就到了上一层的长廊。

在这些长廊里，你可以看到教堂下面和周围的完整景象，这里的大理石栏杆上有涂鸦，即便你认为涂鸦是假的也情有可原：刻着"哈夫丹"的名字和其他一些难以辨认的如尼文，显然相当于中世纪早期刻的"哈夫丹在此"字样。这是在20世纪70年代发现的如尼刻文，而不久后又发现了另一处更短的刻文，可能是名字"阿尔尼"（Arni）。教堂里到处都是涂鸦：从西里尔文到希腊文、亚美尼亚文和拉丁文的刻文都能找到。可追溯大致时间的，大都是在11世纪至15世纪之间刻的，有名字，也有动物图案、武器和盾徽。哈夫丹是常见的斯堪的纳维亚名，这一如尼刻文可追溯到9世纪至11世纪之间的某个时候。

令人兴奋的是，2009年有了新发现。[2]一队俄罗斯研究人员在找更多的西里尔文刻文，他们煞费苦心地拍摄了每个可能刻写的表面，并仔细察看了照片。任何看起来像如尼文的都会被送到如尼文学家埃琳娜·梅尔尼科娃（Elena Melnikova）那里，最终她

9. 龙首：去米可拉加德和更远的地方

成功了：在长廊北边的大理石窗台上发现了第三处如尼文，上面刻着"阿林巴瑟尔（Arinbarðr）刻的这些如尼文"。仔细察看了这些如尼文的刻写方式后，梅尔尼科娃提出，这些如尼文可追溯到 11 世纪早期至 12 世纪之间，正好是维京时代的末期。

这并非全部，教堂里还有另一项发现。研究员托马斯·托莫夫（Thomas Thomov）调研了 30 多个涂鸦的船只形象后，确定其中 4 个刻画的是维京船。[3] 最令人信服的一处是在哈夫丹刻文所在的同一长廊的角落柱子上发现的，且距离哈夫丹刻文仅有 10 米左右。你必须仔细地看才能找到，它刻在石头上，就在水平视线的下方。有一部分显然不会弄错：龙头向左，一只眼睛向前看。其颈部向下弯曲，变成细长的船体，这样的构成任何见过维京船的人都能立即辨认出。托莫夫还辨认出了一根桅杆和两边作为每侧盾牌的两个圆圈。这是一艘龙头战舰。在柱子另一侧，另一幅草图表示的可能是港口并排停的另外两艘船的船头。这些画很有说服力，没有理由认为这些是假的，几乎可以肯定是由熟悉维京船形状和构成的人刻画的。

有关这些壮丽景观如用黄金装饰的宫殿和教堂以及将神圣与世俗划分开来的宏伟建筑的描述，显然与那些回到北方的人一同回到了家乡。事实上，这些很可能直接启发了之后文献中对维京诸神所在神域的描述。我们仅有的关于北欧诸神世界阿斯加德的记述都来自 11 世纪之后的文献，其中的大部分甚至更晚。这我们便不清楚其中有多少与维京时代的信仰结构有直接关联。然而，从这些文献中却也能清楚地看到，尽管大厅和建筑总体上符合斯堪的纳维亚建筑风格，但相关描述定是受了东方辉煌景象的启发。

比如，在北欧法律与正义之神福尔塞提（Forseti）的大厅格利特尼尔（Glitnir）里，金柱子和银屋顶会让来访者眼花缭乱。这种描述背后的灵感可能来自拜占庭吗？

在北方起源的神话中也有其他与东方的联系。比如，斯诺里在13世纪的《诗歌埃达》和《伊林格萨迦》中都明确地阐述了这一点。他说，诸神居住在"顿河之叉"以东的都城，而"顿河之叉"可能指俄罗斯西南部伏尔加格勒（Volgograd）附近某个地方或者是再往东的现今哈萨克斯坦的所在地（尽管斯诺里表达的可能不完全是字面上的意思）。他说，有座山脉将泛斯维特焦特与世界的其他地方隔开，而在这些山脉的南边走不了多远就能到蒂尔克兰（Tyrkland）或"土耳其人的土地"。显然，在那里"奥丁有大量的财富"。

简而言之，在他讲述的北欧人的创世故事中，众神从这里的故土迁往北方。最终，他们来到了斯堪的纳维亚，而根据斯诺里讲述的历史，他们的后裔成了斯堪的纳维亚的皇室。同样，丹麦史学家萨克索·格拉马蒂库斯也说，奥丁最初住在拜占庭，很可能是君士坦丁堡。虽然很容易就会将这样的世界观放到维京时代的框架内，但重要的是要明确这些与中世纪文学传统有关的文献是在维京人之后的数百年以后才有的。因此，与欧洲东部的联系可能反映了该地区在欧洲基督化中的重要作用，因为在这一过程中到耶路撒冷朝圣是宗教生活的重要组成部分。

到了维京时代末期，去米可拉加德的旅程变得如此流行，甚至还制定了专门的法律来管理人在国外时国内财富将如何处理的情况。比如，挪威《古拉廷斯洛夫》法典规定，可代管你的财富

9. 龙首：去米可拉加德和更远的地方

三年，之后会留给你的继承人。但如果你去拜占庭，就会直接给继承人。

米可拉加德的名声很大程度上传回了某个非常特殊的社会群体的家乡：在 10 至 14 世纪之间斯堪的纳维亚人成了拜占庭事务中更为重要的因素，因为他们是瓦兰吉卫队的主要成员。瓦兰吉卫队是巴西尔二世（Basil Ⅱ）于 10 世纪后半叶建立的专门的雇佣兵部队，主要为拜占庭皇帝担任私人护卫。这一卫队是在 987 年巴西尔向基辅统治者弗拉基米尔（Vladimir，伊戈尔之孙）求助之后成立的。当时君士坦丁堡发生了叛乱，一个名叫巴尔达斯·弗卡斯（Bardas Phokas）的敌手夺了巴西尔的王位。弗拉基米尔应援派了支 6 000 名罗斯人的军队来帮忙，作为回报，皇帝将妹妹许给了弗拉基米尔做妻子。唯一的要求是弗拉基米尔必须改信基督教，而他也同意了。在罗斯人的帮助下，巴西尔成功地击败了叛军，夺回了王位。

然而，巴西尔的请求似乎也并非完全在意料之外。在《罗斯初期编年史》中，945 年罗斯人和拜占庭的条约中包括以下声明："如果一方政府需要对方的军事援助来御敌，他们将与伟大的王公联络，而他也将派出所需的军队。"如果这部分条约是真的，巴西尔就只是遵循了近半个世纪前达成的协议而已。来自北方的帮助给拜占庭人留下了深刻印象，所以后来变成了固定形式的精英卫队。自此之后，无论是在战场上还是在大皇宫里，便都能看到瓦兰吉人贴身保护着皇帝及其家人。

哈夫丹和阿林巴瑟尔是瓦兰吉卫队成员吗？在数十年的时间里，在米可拉加德工作一段时间在斯堪的纳维亚男性中很是流行，尤其是还可因此获得财富。这其中最有名的就是挪威国王"无情者"哈拉尔（Harald Hardrada）。1030 年，他在斯蒂克斯泰德之战（Battle of Stiklesta）中战败后逃离挪威，也是在这场战役中他的哥哥奥拉夫被杀了。之后他为拜占庭皇帝工作了近十年。哈拉尔在君士坦丁堡因军事才能赢得了声名和尊重（虽然也曾入狱待过较短的一段时间）。在回家之前，他曾效力于佐伊皇后（Zoe），这位皇后的金色肖像就挂在圣索菲亚大教堂的上层长廊。哈拉尔想要最终在 1066 年的斯坦福桥战役（Battle of Stamford Bridge）中赢得英国王位，却没有成功。

虽然大多数瓦兰吉卫队成员似乎都是斯堪的纳维亚人，但其他民族的人也可以加入。比如，斯坦福桥战役后他们中有了越来越多的盎格鲁-撒克逊人，这些人是被"征服者"威廉击败后逃离英格兰来此的（巧合的是，他们也是维京人的后裔）。

里　海

从君士坦丁堡再往东走的路变得更加模糊不定。在关于去里海海岸的远征和后来袭击波斯的描述中，我们仅有一些有关罗斯人或维京人中东旅程的线索。其中一条路线始于第聂伯河进入黑海的入海口，在别列赞附近。如果你乘船向东行，就可以进入亚速海，从那里你可以沿着顿河到萨克市。这是哈扎尔人在西奥菲勒斯的帮助下于 9 世纪 30 年代建造的，大约在罗斯使者前往法兰西的时候。继续前行，可以到伏尔加河，或者走陆路到里海海岸

9. 龙首：去米可拉加德和更远的地方

哈扎尔人的都城伊蒂尔。或者，也可以更直接地走陆路前行到黑海的东部海岸，就在现今的格鲁吉亚。

后一条路线是瑞典最著名的一位东方旅者"远行者"英格瓦选的。到了11世纪他的那个时期，流向北方和西方的白银开始减少，去东方的商人因而也越来越少。英格瓦带领远征队试图重建贸易路线，但具体细节尚不太清楚。关于他的冒险有个极富想象力的萨迦，故事中讲述了为瑞典国王奥拉夫·舍特康努格（Olaf Skotkonung）工作的勇士英格瓦向东前行，去寻找自己的王国。路途中他遇到了巨人、龙、女巫和爱他的王后，最后死于疾病。

虽然这个故事的大部分都基于萨迦作者的创造性想象，但我们知道英格瓦是真实存在的：在瑞典有二十多块如尼石刻都讲述了他的冒险，且用以纪念那些与他并肩倒下的人，这也明显暗示这次冒险最后以悲剧收尾。英格瓦与"无情者"哈拉尔大致是同时代的，而根据萨迦，他与哈拉尔一样，在继续他的旅程前曾在诺夫哥罗德为基辅统治者"智者"雅罗斯拉夫（Yaroslav the Wise）做过一段时间随从。根据如尼石刻所述，英格瓦与许多他的手下都死在了塞尔克兰（Serkland）。一些石刻做工精细，其中有块在格利普霍姆（Gripsholm）的石刻是用来纪念英格瓦的一个兄弟的（不论是真兄弟还是情同手足），上面刻着以下内容："他们按年轻勇士的方式前行，去遥远的地方寻找黄金，在东部喂鹰，在南边的塞尔克兰逝世。"[4]

至今还未找到有关塞尔克兰到底位于何处的完整解释。从词源来看，这个名字可能有几个不同的起源。一个是意为"撒拉逊人的土地"，也就是穆斯林，暗指阿拉伯哈里发帝国等地。另一个较普及的解释是 Serk（塞尔克），来自拉丁词 sericu，意为"丝绸"，这意味着这个名字指的是生产丝绸的地区。还有一个更为奇特的解释是其与 serkr 一词有关，serkr 意为"衬衫"或"长袍"，所以这里是"穿长袍的国度"。随着时间的推移，塞尔克兰这个名字所覆盖的地理区域也发生了变化，最初指的是里海以南地区，但后来在维京时代指的是整个伊斯兰世界。最后一个可能是这个名字指的就是萨克市，本身也是哈扎尔人领土的一部分。

较一致的看法似乎是英格瓦的旅程将他带到了波斯，可能到了现今的格鲁吉亚或高加索地区的其他地方，肯定是在黑海和里海间的某个地方，因为这里是通往巴格达之旅的敲门石。伊本·克赫瓦拉比在《道路与王国名册》中记述了维京人在这一地区的出现，重要的是，因为是在 9 世纪 40 年代记录的，所以这也表明了甚至在 9 世纪早期就已经建立了这种联系。[①] 他还记述到，这是贸易远征，人们选择乘船，其中一些人也选择走陆路。

那些到里海海岸的人就会进入哈扎尔人的主要领地，这意味着必须要有良好的外交关系。阿拉伯史学家马苏迪在 10 世纪早期的记述中写到，异教徒（包括罗斯人）就住在位于里海西北角的哈扎尔王国的都城伊蒂尔。他们在城中的一个专门区域居住，同斯拉夫人一起。这一点很重要，因为这表明当时已经区分了这两个不同的群体。更重要的是，马苏迪还写到，罗斯人和斯拉夫人都在哈扎尔统治者的军队中效力，就和君士坦丁堡的情况一样。

[①] 也许值得注意的是，这里也是红玉髓珠的源地，这便是抵达北方的珠子另一个可能的来源。

9. 龙首：去米可拉加德和更远的地方

尽管该地区最早的活动记述表明各方和平交往，但没过多久，贸易就变成了抢掠。首先受袭击的是里海东南岸的港口城镇阿巴斯昆（Abaskun），不过袭击者全都被杀了。909年，一支16艘船的队伍发动了另一次劫掠，但这次也被击败了，且据说与通常情况不同，反倒是许多罗斯的劫掠者被当作奴隶带走了。

几年后，马苏迪记述了一次对里海周边多个地区的大规模袭击。在得到哈扎尔汗国的许可（承诺分一定比例的未来所得战利品的一种典型策略）后，每艘载有100名勇士的500艘战船开始抢掠里海南岸周围的城市。他对现今阿塞拜疆所在地的袭击有如下描述："罗斯人让各处血流成河，抢夺妇女、儿童和财产，在各处破坏、焚烧。这些海岸上的人的生活动荡不安，他们从未遭受过来自海上敌人的袭击，之前来海岸的只有商人和渔民的船。"这与阿尔昆对袭击林迪斯法恩的描述惊人地相似，两者都是完全在意料之外的。

马苏迪继续说道，袭击者在里海待了数月，住在离海岸几公里远的岛上，当地人没人能去这些岛上，因为他们没有适合的船。虽然如此，最后还是有一支15 000人的阿拉伯人队伍在其返回伏尔加河的归家路上击败了罗斯人，总共有三万人被杀。这里有几个细节比较重要。首先，罗斯人的舰队规模庞大。如果马苏迪的说法属实，就有五万人。这个数字几乎可以肯定是有些夸张的，但即便如此这也可能是支庞大的军队。其次，记述中强调，是袭击者的船和航海技能让他们取得了成功。

接着，哲学家和史学家伊本·米斯凯韦记述了943年在阿塞拜疆的一次袭击。在他的《民族事记》(*Experiences of the Na* tions）一书中，他用同时期事件的亲历者记述来纪事，也是首次这样做的伊斯兰史学家之一。故事记述详细生动，不仅描述了罗斯人及其装备，还以一种非常客观的方式解释说他们部署的战略也是袭击的一部分。这次袭击主要袭击巴德哈镇（Bardha'a），是10世纪对里海众多袭击中的一次。巴德哈镇是个繁荣的城镇，有城堡、城墙和城门，而且每周都有集市。城镇周围是果园和田野，以无花果、水果和榛子还有丝绸而闻名。据马苏迪所述，这座城镇是可以出售北方毛皮的市场，大概最初罗斯人就是由此得知了这里的财富。

巴德哈镇位于库那河的一条支流上。这条河从高加索山脉向东流，之后汇入里海。据伊本·米斯凯韦所述，罗斯人可能是从伏尔加河乘船跨越了里海。他们上岸时，巴德哈镇的地方长官已准备好了应对方案，派了600人的队伍迎战，但他很快意识到这还不够，需要增援。这时他召集了5 000名志愿者以抵抗这些意料之外的入侵者。不幸的是，抵御者未预料到罗斯人的实力和战斗能力，那些侥幸存活的人转身逃跑了。罗斯人一路追到城里，进了城就立刻占领了这座城。

接下来发生的事有些出人意料。据伊本·米斯凯韦所述，亲历者说，一进入巴德哈镇，罗斯人就忙着安抚民众，说道："我们之间在宗教问题上没有异议，我们只是想统治这里。善待你们是我们的义务，而你们的义务就是要对我们忠诚。"抵御军不信这些话，还是进行了抵抗，但很快就被击败了。罗斯人命令其他的人不要参与。显然，"热爱和平的上层人士"听从了这个建议，但"平民和底层的人"却向他们扔石头，愤慨不平，还不顾一切地表

9. 龙首：去米可拉加德和更远的地方

达着他们的不满。

最终罗斯人厌倦了争论，下令给城镇居民三天时间离开。很多人都离开了，留下来的人要么被杀，要么被囚禁了起来。根据记述，成千上万的男人连同他们的妻子和儿女都被关了起来。妇女和孩童被关在一座堡垒里，而男人则被关在清真寺里。显然他们的计划是要以典型的维京人的方式利用这种情势，要求这些人交赎金赎回自己，用赎金来换自由。

当时，住在镇上的一位名叫伊本·萨穆（Ibn Sam'un）的基督教公务人员介入其中想帮双方协调谈判。经过一番商议，罗斯人同意每人收20迪拉姆作为赎金。伊本·米斯凯韦说，有些穆斯林同意了，但其他人却拒绝了，因为这意味着他们与基督徒有同等的价值。谈判破裂了，入侵者不知道该怎么办。他们迫切地想要钱，哪怕是一小笔，拿到手的现金总比满屋子的尸体要好，他们还抱着一些希望。最后，发觉拿不到钱他们就大肆屠杀。妇女和孩童也没能轻易逃脱，被强奸、奴役。少数人成功逃脱了，或者开始了新的谈判，用他们身上所有的贵重物品换取性命，这些人逃跑时带了块盖了章的黏土来表明他们为自己买了免受伤害的权利。

这段记述中最令人好奇的部分是，是什么最后让罗斯人倒台了。袭击的消息在整个地区传得更广了，于是各地联合起来组织了一支远征队来驱逐入侵者。然而，尽管有30 000人的军队昼夜不停、夜以继日地攻打这个被围困的城镇，但还是没能成功。后来有消息说罗斯人中间暴发了一场传染病，接着他们大批倒下，人数急剧减少。据伊本·米斯凯韦所述，原来他们到巴德哈镇时吃了太多的水果，他们并不习惯如此，因为他们来自"一个非常寒冷的国度，那里没有树木生长"。疾病，加上一些巧妙的策略，这意味着抵御者可以慢慢开始耗罗斯人。

入侵者撤退到他们的堡垒，最终精疲力竭。终于有天晚上，他们离开了，背着他们的战利品，拖着妇女、男孩和女孩一起离开了身后那一大片燃烧的建筑。听说他们已让船和船员在河边待命，并派了300人来保护。

巴德哈的记述引人共鸣，也提供了非常多的信息。对该城镇的袭击是经过深思熟虑的，并非一次突袭，因为罗斯人似乎计划将巴德哈作为抢掠基地，甚至在那里永久定居。这样一个位于里海海岸的城镇，又与伊斯兰世界和世界其他地区有贸易联系，显然为进一步的交易与扩张提供了条件。10世纪中期，从斯堪的纳维亚到此的路线活跃而繁荣。这里的一个基地甚至可能会中断拜占庭人的物品运输，至少没了这些地方就必须要先经过罗斯人那里。

从更实际的角度来看，记述证实了我们在维京世界中看到的谈判、调解和交付赎金的同样做法。利用谈判人员来谈赎金大概是司空见惯的事。最后，这一记述中还有对丧葬习俗的观察描述。伊本·米斯凯韦说，有人逝世，就会将人与他们的武器、衣服和装备一同埋葬。他还说，男人会和他的妻子或他的其他女人，也可能是他的奴隶一起埋葬，"如果他碰巧喜欢他（她）的话"。这似乎证实了其他文献的信息，但尚不清楚这是否意味着是另一位亲历者的观察，而他的妻子和（或）奴隶实际上是为逝者献祭了。更重要的是，罗斯人离开后，穆斯林开始挖墓，因为他们在墓中

9. 龙首：去米可拉加德和更远的地方

发现了剑，而且剑的质量较高，需求量也很大。换句话说，盗墓似乎很常见。这或许可以解释为何到目前为止我们在这个地区还没有发现任何可以肯定有斯堪的纳维亚文化特征的墓葬。

到 10 世纪末和 11 世纪初，这一地区又经历了几次突袭，这些突袭取得了不同程度的成功。然而，尽管这些袭击在当地造成了恐慌和破坏，但不论他们最初来自哪里，这些罗斯人和斯堪的纳维亚人的出现都没有留下持久的痕迹。而这也不是每个人旅程的终点。虽然我们还没有发现任何实证，但维京人确实一路去了巴格达进行皮毛和刀剑的交易。据我们所知，他们不敢进攻这座城。可能因为走了那么远到达那里的人数很少，且缺乏后勤保障和战术优势。在其他地方，他们不仅可以依靠人数众多的军队，还能乘船逃离。但也有可能哈扎尔人非常成功地阻止了他们继续前行，就像哈扎尔国王约瑟夫在 960 年写的一封信中所说的那样。约瑟夫写信给阿拉伯哈里发帝国的哈里发科尔多瓦（Cordoba），解释说他住在河口，保护这里免受敌人的侵袭（包括罗斯人）。他说："如果我放行他们航行一小时（到里海），他们就会抢掠整个阿拉伯国家，一路直到巴格达。"

最后，一些旅者可能是经陆路到了繁荣的巴格达，这是座贸易、知识和文化之城，是丝绸之路的重要铺路石。到了 9 世纪，那颗在雷普顿发现的红玉髓珠可能经过这里的时候，巴格达已发展到巨大的规模。城市四周是肥沃的农田，因此可以较容易地养活大量的城市人口。在仅一个多世纪的时间里，其已发展成为世界上最大的城市。原因不难理解：其位置是哈里发曼苏尔的战略性选择，位于底格里斯河上，在离幼发拉底河最近的地方，处于美索不达米亚（"两河间"的土地）的中心地带，是理想的贸易地点。这从一开始就对建城至关重要。

显然，在曼苏尔一直为他的新都寻找最佳地点并四处询问时，他得知这里是理想的选择，因为"可以乘船从西边经幼发拉底河获取物资，会得到埃及和沙姆（Sham，叙利亚）的货物，还会收到船经底格里斯河从中国、印度和瓦西（Wassi）运来的物资"。这里的确是丝绸之路的重要连接点。沿河向下游航行500公里可直接到波斯湾，从那里可以连接到非常重要的印度洋的贸易网，还可进一步延伸到印度和中国。往上游去，可穿过一连串的城镇，最远可达现今的土耳其。

如果向东选择走陆路，很容易就能随骆驼商队到达巴格达。在伊本·克赫瓦拉比的记录中，他描述了经由伏尔加河抵达巴格达的路线。更重要的是，他说罗斯人能与已定居在那里的说斯拉夫语的奴隶交流，而这些奴隶可能已经学会了阿拉伯语。这是整个解密拼图中至关重要的一块。这些奴隶，我们还不能完全解密的这些隐藏人显然另有其用，那就是做翻译。很容易就能想到，如果幸存了下来又想改善自己的生活状况，那别无选择，只能学习抓捕者的语言。多语言能力既是必要的，也是明显的优势。

去那里的旅者可在市场的货摊间迂回前行，能闻到异国香料的味道，听到各种声音，从动物的叫声到不同的语言，直到他们抵达河港，所有这些都一直刺激着他们的感官。在河港，他们会看到上百艘不同类型的船正在装卸珍贵的货物。所看到的物品品类之广令人震惊：从中国的丝绸到撒马尔罕的纸和银、东非的乌

9. 龙首：去米可拉加德和更远的地方

木和象牙、埃及的铜和黄金、布哈拉的地毯和皮革以及阿塞拜疆的藏红花和马匹，这些还只是一部分。还有来自印度的香料、老虎、大象、椰子和红玉髓珠之类的宝石等矿物。虽然一些商品会供巴格达内部消费，但还是有很大一部分会出口。

大部分的维京故事就是在这里结束的。巴格达是我们能找到证据证明有人去过的东南方向最远的地方，而且很可能的确如此。几年前，一位研究人员声称他发现了维京人在阿拉伯半岛定居的证据，当时引起了一阵轰动。他认为，在卡塔尔发现的岩石画描绘的只能是维京船的俯瞰图。[5] 他写到，其形状很像丹麦的"思古德留"号，船桨伸得很长，与在当地看到的独桅帆船完全不同。然而，这一论述后来经证明是错误的。[6]

阿拉伯文献记录了进一步向东的路线，如萨拉姆（Sallām）的冒险。萨拉姆是巴格达哈里发派的一名翻译，要去检查所谓的"亚历山大的城墙"（Alexander's wall），而他的记述之后纳入了 9 世纪伊本·克赫瓦拉比的《道路与王国名册》中。显然，实际上这城墙是中国的长城，这表明通向远东的陆地路线是开放且可用的，而商品贸易也证明了这一点。这些路线可能是来自北方的勇敢的旅者走过的，但这样的旅程很少见，重要的还是贸易联系。如丹麦考古学家索伦·辛德贝克（Søren Sindbæk）所言："维京时代出现在北大西洋和波罗的海的原因可以直接说是全球经济刺激。"[7]

全球化的意外影响

全球化的确是概括这一时期情况的合适术语。这一时期如蛛网般的脉络向世界各地延伸，比之前延伸得更远。随着北方越来越多地使用先进的航海技术，人们对名贵的异国商品和从阿拉伯哈里发帝国不断流入的白银的需求都再度高涨。追踪来回转移的物品材料，其走过的路线，以及参与交易的人，看着有些像一滴水从凹凸不平的窗户玻璃上流下。水随着重力向下，如果遇到玻璃上的瑕疵就改变路径和方向，而如果遇到不可逾越的阻碍就会停下来，直到与更远处的水滴融汇，有了需要的动力，便又开始继续流。

然而，这样的全球化还有个令人不太满意的影响，这一点我们也是现在才开始意识到。2020年的春天，全世界正经历一场全球大流行病，这时一组科学家发表了一篇关于天花病毒（更为人熟知的是天花）溯源的研究论文。该小组已成功从古代遗骸中提取到了病毒的DNA，他们声称，这表明这一病毒可能早在公元600年左右就出现了。在来自欧亚大陆和美洲的525份样本中，他们确定有13人可能死于天花感染，而碰巧这一切都与维京人有关，我也坚信他们与丝绸之路有联系。

天花病毒研究表明，在已确认感染天花病毒的人中有11人可追溯到维京时代或在此之前的200年，而最后两人则是现代人。样本来自斯堪的纳维亚、英国和俄罗斯。其中三个样本的放射性

9. 龙首：去米可拉加德和更远的地方

碳年代测定表明，这种病毒在维京时代之前就已流行了近 200 年。但就像在雷普顿一样，科学家们没有考虑到海洋生物累积的影响，尽管至少有两人的样本表明其摄入了较多的海洋生物。如果依此做了适当修正，就会将时间往近推，这就意味着只在维京时代的样本中检测出了这种病毒，即便研究人员检测了跨越近 3.2 万年历史的 DNA。这本身就很了不起了，但深入研究材料会揭示更多可能的机制。要了解这些是什么，我们就必须看看牛津的一座墓。

2008 年，考古学家应邀在圣约翰学院扩建的建筑前进行挖掘。他们发现了完全出乎意料的一些东西：一处有 35 具男性遗骸的集体墓葬，这些逝者似乎都是被扔进坑里的，身上多处有伤包括刀伤。这些人魁梧高大，大多年龄在 16 岁到 35 岁之间。一些遗骸有明显烧焦的痕迹，这表明他们在被埋葬前曾被焚烧，没有陪葬品。这显然是场大屠杀的结果。

放射性碳年代测定表明，这是大约公元 900 至 1000 年的墓。有人认为，这些人是 1002 年 11 月 13 日发生在牛津的圣布莱斯日（St. Brice's Day）大屠杀的受害者。那天，英国国王埃塞尔雷德二世（Aethelred the Unready）下令杀了"所有在这个岛上出现的丹麦人，因为他们就像坏了的小麦"。在 11 个感染天花病毒的样本中，有一个就取自这里的集体墓葬。这名男子的上半身有几处刀伤，其中一处是后脑勺，还有几处在肋骨和肩胛骨。他最有可能死于这些刀伤，而不是天花感染。

在此发现之前，没有证据表明在当时的英国出现过天花。那这个人是在哪里感染的病毒？目前不清楚这些逝者是迁移者还是本地居民，但从他们的饮食来看是前者。通过分析比较其肋骨和股骨中的同位素，研究组发现这些人后来食用了更多的海产品。因为其肋骨略有"翻转"，形成了新骨，如此看来 2 到 5 年内饮食的任何变化都会在骨骼中有所表现。股骨又大又厚，反映了一个人长达 15 年的日均饮食习惯。因此，研究人员得出结论，这个群体可能在后来改变了他们的饮食习惯。这可能与他们的旅程是保持一致的，而令人相当意外的是正是在这些地方我们可能会找到病毒来源的线索。

研究牛津墓葬的遗传学家最初研究的是整个维京世界的血统，他们研究了欧洲各地的样本。令人惊讶的是，他们发现这集体墓葬中的一个人的血统与更远地方的一个人的血统相匹配，而在丹麦一个叫盖尔葛迪尔（Galgedil）的墓地发现了后者同父异母或同母异父的兄弟（又或两人是二级亲属关系，比如叔侄或祖孙）。恰巧这个在丹麦有血缘关系的兄弟也携带了天花病毒。这可能表明，牛津的逝者可能是抢掠或军事群体的成员，彼此间住得很近，后来可能是从盖尔葛迪尔等地来此的。就像我们现今熟悉的现代流行病一样，相对而言传播范围广，传播速度快，这可能对解释为何天花似乎在维京时代的欧洲西北部出现过这一问题很关键。

虽然没有确切证据表明这种病毒起初是在哪里感染的，但我们察看感染者的样本时，一些情况是非常清楚的。许多人来自流动性非常高且有大量国际贸易商涌入的地区，有几人来自哥得兰岛附近的厄兰岛。有个瑞典的样本与波罗的海有较紧密的联系，因为锶同位素数据表明她是在哥得兰岛长大的。据挖掘者陈述，另一位埋在瑞典的男子是按斯拉夫人的方式埋葬的，这表明他也是迁移者。最后的两人来自第聂伯河上游地区罗斯人的遗址格涅

9. 龙首：去米可拉加德和更远的地方

兹多沃。

此外还有其他信息。深入研究这 11 具遗骸的考古报告发现，之前其中两具携带病毒的遗骸因不同的埋葬方式被认为是奴隶。虽然我们应谨慎地将不常见的丧葬仪式当成奴隶身份的表现，但如果这是真的，那这两人似乎来自很远的地方，也可能他们暴露在了非常利于疾病传播的环境中。这并非第一次有病毒与维京人的迁移有关。2017 年，在一具女性尸骨中发现了麻风分枝杆菌，由此追踪发现这种麻风菌株是从斯堪的纳维亚传到英格兰的。次年，研究人员发现中世纪爱尔兰的麻风病也来自斯堪的纳维亚。这两次传播可能都与松鼠皮毛贸易有关。

与东方或波罗的海贸易点的联系在天花事例中格外引人关注。或许我们不该对此感到惊讶，因为正是在这些地方建立了与世界各地的联系，而这些此前是无法触及的，尤其是病原体也可以通过像皮草等东方贸易的主要商品来传播。河道网让货物和人员以前所未有的速度从东向西、从南向北流动，这意味着像天花病毒这样的"偷渡者"也能较容易地随其一起流动。

如此多的故事似乎都是由对奢侈品和财富的渴望而推动的：流向北方的银、丝绸、珠子和珠宝，以及流向南方与东方的毛皮、琥珀和象牙，更不用说促进城镇繁荣发展以维护统治者自身较高地位和生活方式的那些奴隶了。维京人作为创业者、政治参与者，或只是普通的定居者融入进来，成了其中的一部分，也成了东西方多元文化的一部分。然而，这也有巨大的代价：不仅是那些时常被想起、毫无防备的林迪斯法恩的僧侣，还有那些没留下任何痕迹只被用来交换闪亮的银币或半透明橘色珠子的不为人知的奴隶。

对白银的渴求在这一交易中始终有重要的作用。到了 11 世纪初，东方的白银供应已枯竭，所以维京人不得不另寻他处。因此，他们开始放弃当时已被其他金属稀释的阿拉伯铸币，而后将注意力转向了西方。在德国哈茨山脉有新发现的银资源，于是盎格鲁-撒克逊时期的英格兰和欧洲大陆的王国铸币量大增。甚至有人认为，10 世纪 90 年代对英格兰的袭击加剧可能就是这一情况导致的直接结果。

在整个维京时代及之后，南北东西间的交往与迁移持续了数百年，而随着时间的推移，迁移者与本地人之间的互动和文化身份也交融演变。同时一些文化身份也得以保留和延续，比如我们现在说的维京人，或许对其最恰当的描述是移居。我们还要知道，某个地区的事件会对另一个地区产生多大的影响：扔进巴格达附近水域石头漾起的涟漪一路波及雷普顿，虽然已散开、变小、消解，但仍还在那里。在我看来，这些最早的沿河贸易网——欧洲和中亚的重要动脉，才是为真正了解维京人的西方扩张需要调研的证据。但在河上国王的旅程结束前，还有个目的地要去。

尾声

古吉拉特邦

肯帕德　古吉拉特邦　约825年

在令人窒息的炎热中，一个女人坐在繁忙的肯帕德港郊区的一间小屋里。外面的街上喧闹，动物和人在抢地盘。在她身旁的地上放着个小篮子，里面是切割整齐的石头；在她面前，整齐地摆着工具。身旁是个小车床，她小心翼翼地移动着正在制作的珠子——这是最后一颗要切割的珠子了。然后她把珠子举到灯光下，上面有一些瑕疵，两边的钻石形状有点不一样，但没办法补救了。没人会注意到这样的细节。有瑕疵才证明是真的，这是她父亲告诉她的。那时她还是个小女孩，那是父亲第一次让她一同去山上收集那些珍贵的货物。她喜欢在心里编故事，想象谁会戴上它们，谁会像她一样捡起它们，研究阳光如何透过矿物的表面散发光亮雾状。有人跟她说，其中一些珠子远渡重洋，到了阳光不再充盈、冬季河流变得坚硬冰冷的地方。这些珠子受到珍视，被珍藏。任何地方都能找到很好的珠子。她试着想象珠子串成项链戴在某人的脖子上，那是个美丽的女人，有飘逸的长发，就像她的母亲。但她永远不知道这颗珠子会经过谁的双手，又会出现在谁的一生中。

尾声　古吉拉特邦

古吉拉特邦

1月一个晴朗的早晨，我站在印度艾哈迈达巴德（Ahmedabad）市中心的混凝土屋顶上，到那天为止，自我第一次去牛津开始研究雷普顿已近八年。站在上面，在熙熙攘攘的21世纪印度城市中，听着汽车、摩托车和电动三轮车接连不断的喇叭声，我得到了短暂的放松，要消化的东西太多了。我眺望着另一条河，猛禽在头顶上空盘旋，猴子在下面绿树成荫的花园里嬉戏。令我震惊的是，我没在河里看到一艘船，现今这条水道对贸易、商业或人口的迁移已毫无用处。我来这里，是因为河上国王的故事是在这里结束的，也是从这里开始的。

我离家很远，而这段历史也离维京人的故事很远。然而，为了解红玉髓珠在英格兰的出现,以及是什么推动了一千多年前这样广泛的贸易在异国他乡的蓬勃发展,我也想知道这部分故事。这些矿产的贸易往来展现了一种较完善的供需体系,而这种体系延续了近五千年,直到今天仍然存在。维京人仅是利用了几千年来丝绸之路沿线的情况,孤立地看待他们没有意义,也有必要从网的另一端进行思考。

维京人不太可能到达这么远的地方,但很多人是随英瓦尔从瑞典到里海的,成千上万的人去了米可拉加德,可能也有许多人去了巴格达。或许一些人的确去了更远的东方。如尼石刻记述一些人去了西方和东方,所以有人可能既去了雷普顿又去了黑海或更远的地方。

显然,中世纪早期西方的一些领域对东方地区(具体而言就是印度)有些了解。965 年,哈扎尔帝国被基辅罗斯人征服时,犹太籍阿拉伯商人易卜拉欣·塔尔图西去了德国马格德堡(Magdeburg)。在那里神圣罗马帝国皇帝奥托大帝在宫廷接见了他。在旅途中,他还去了美因茨,并观察了在这个位于法兰西人领地莱茵河畔的大城市所看到的一切。他惊奇地发现,五十年前撒马尔罕产的迪拉姆还在流通,但还有更令他诧异的,"在如此遥远的西部地区,能找到只生长在远东的香料,比如胡椒、姜、丁香、松香、木香和高莎草,这真是太棒了。这些植物都是从印度进口的,那里盛产这些"。

显然,有比红玉髓珠更多的商品令这一旅程向西行进,维京人也不是唯一觊觎异国物品和风味的群体。其他的阿拉伯旅者也去了远东旅行:10 世纪也记述过罗斯人在里海袭击的马苏迪就从

尾声　古吉拉特邦

印度出发去了锡兰，之后到了中国，他基于自己所获信息，又参考其他汇编文献，相当详细地对印度进行了记述。如果到巴格达，便也有机会去了解印度。

但也有证据表明，在 9 世纪的英格兰印度为众人所知：《盎格鲁-撒克逊编年史》中一处文献提到 883 年（恰好是雷普顿冬令营出现的 10 年后）正是阿尔弗雷德大帝向"印度"（India/Indea）的圣托马斯神殿派了位使者。[1] 阿尔弗雷德在伦敦成功击退维京人后立誓要向罗马和印度捐助，尽管许多人认为后者仅是朱迪亚（Judea）的误写。

然而，根据其他 9 世纪文献记述，圣托马斯和圣巴塞洛缪都有提到，但似乎都是在印度殉道的。从 5 世纪开始，印度南部的基督教社区便已记录在册，所以这当然也是有可能的。根据契据和文献依据，早自 7 世纪开始就已经从印度和斯里兰卡进口塔尔图西描述的香料了，这很可能表明人也一路随行。至少，印度可能已显示在一些社会上层人群的"雷达"上了。

虽然，于我们的目的而言，关于这一可能旅程最令人兴奋的信息来自之后的文献。编史者马姆斯伯里的威廉（William of Malmesbury）12 世纪写的一份文件中说，经确认由阿尔弗雷德下令前往印度的主教已安全返回，并带来了"异国的珍贵石头"。这些很可能就是红玉髓珠。

跨越印度洋的贸易不是什么新鲜事。在公元前 30 年罗马占领埃及之后的几十年里，从红海到印度的交通和贸易迅速发展。罗马史学家斯特拉博（Strabo）声称，每年有多达 120 艘罗马船只前往印度。宝石和香料只是罗马人在该地区找到的其中两种商品，一同的还有其他商品。显然，这样的贸易频频出现在 1000 年。但值得注意的是，8 世纪在印度洋的边缘地带特别是在非洲东部，也有商贸中心的拓展和发展，很像在波罗的海和北海地区发现的那些。

与此同时，有证据表明波斯湾与中国之间有直接的海上往来。伊本·克赫瓦拉比描述了 9 世纪从地中海到埃及和红海的贸易路线。从那里，可以去麦地那和麦加，最终到达印度和中国。在维京时代，伊斯兰教黄金时代的发展及其影响延伸到了中东地区，随之也加强了几千年前已存在的丝绸之路的建设，而来自印度的红玉髓珠贸易就是个最好的例证。

在艾哈迈达巴德西南有处洛塔（Lothal）考古遗址。这是哈拉帕或印度河流域文明最重要的一座古城。考古学家在这里发现了做工精美的红玉髓珠的最早证据，时间可追溯至公元前 2700 年。这里便是维京时代及之后贸易的起点：有证据表明，这里的货物交易曾跨越印度洋和美索不达米亚，而在离后来的巴格达不远的古城中也发现了相关物件。当然，第一步是沿河从洛塔到肯帕德湾。

在洛塔，我遇到了来自肯帕德的安瓦尔·侯赛因·谢赫（Anwar Husain Shaikh）。他是位屡获殊荣的第五代制珠师，也是世界上唯一一位用传统方法制作哈拉帕风格红玉髓珠的人。这种工艺在他的家族中已传了一个多世纪。安瓦尔带我去了他的一个工作室，那是在通往海岸南部的主路旁一块空地上的小房子。在砖砌的、有波纹金属屋顶的一间房外有片空地，还有片树荫，不然到了夏天这里无疑会成为炙热的沙地。他拿来了所需的原材料，

尾声　古吉拉特邦

几大块红玉髓和玛瑙，熟练地用按一定角度插入地里的一根铁棒将石头敲成粗块，之后用软木锤敲打。他从边缘上切下一些碎石，把原材料变成某种形状，然后慢慢加工成一颗扁长的珠子。之后，将珠子打磨抛光再钻孔。

我试了下，双腿小心地绕着一个简易木柱固定姿势，然后从陶罐中舀些水来防止珠子过热。钻头尖端上有来自附近苏拉特的小钻石，用前后推的弓来移动，从两端钻洞，直到中间贯通。我花了这么久研究雷普顿的珠子，我知道那颗珠子也是这么制成的。

第二天，安瓦尔带我去了矿地。一路上我在想，我是不是唯一一个从雷普顿一路到红玉髓矿的发现地勒登布尔的斯堪的纳维亚人，但我肯定不是去找寻这些矿产的第一个欧洲人。1814 年，有位约翰·科普兰（John Copeland）先生记述了他在那里的旅程："我们经过左手边一个叫鲁图波尔（Rutunpoor）的小村庄……然后沿着条穿过丛林的窄径向前走，通向矿山一路的地势几乎都是越来越高。风景多样，非常优美。有山丘、山谷、布满卵石的河床、险峻的岩石和丛林覆盖的广阔平原。由于这里老虎很多，所以除了 11.3 公里外的鲁图波尔，离矿更近的地方没人居住。"

我去的时候已经没有老虎了，但我和科普兰都认为这里的风景是浪漫优美的，尽管没了大部分丛林。在古吉拉特邦干燥的地面开车时，安瓦尔每隔一段时间就会从车里探出来，看路边露出的岩层：红玉髓、碧玉、血石。我看到这些时，发现那些浅色暗光的卵石似乎并不起眼，与维京世界博物馆里展示的半透明的红色和橘色的展品相差甚远。但当安瓦尔开始捡起它们敲打时，他向我展示了这些不起眼的石头如何变得光彩夺目——裂痕处有炫彩，这时我开始看到了他所看到的。

虽然地表很多地方都有大量卵石，但要想有足够的量来满足今天对石头的不断渴求（每 15 天就要装满一卡车），还需要有扩大范围的方法：挖坑到地下 10 米深。这与科普兰的描述相符："矿井位于丛林最荒凉的地方，数量非常多，是垂直向下的工作竖井，约 1.2 米宽。我们看到的最深处有 15 米，还有些在底部以水平方向延伸。"

最早提到这些矿场的文献是意大利旅者卢多维科·德·瓦特玛（Ludovico de Varthema）16 世纪的记述。他曾在 1504 年去了肯帕德。大约在同一时间，来自非洲的四个穆斯林兄弟在勒登布尔的山上建立了个新的红玉髓珠产业：这些山是安瓦尔带我去的最后一个地方，也是他祷告的地方。山顶的清真寺为珠匠的守护神巴巴古尔（Baba Ghor）而建。等安瓦尔时，我爬上了小山丘，景色美得令人窒息。在这些山丘和平原上，不可能不被数千年的历史感动，再考虑到这些矿石随行的令人难以置信的距离。虽然这里没有可追溯至 9 世纪的考古证据可以证明雷普顿的珠子是这样随行的，但我们知道阿拉伯商人可能早在 7 世纪就在肯帕德湾附近定居下来了。这意味着与巴格达的贸易可能会繁荣起来，我想这其中就有勒登布尔红玉髓的贸易。

918 年马苏迪去了古吉拉特邦，他说在纳尔默达（Narmada）河边的巴鲁奇（Bharuch）有个穆斯林社群，离勒登布尔约 30 公里。但在我参观了矿区后，实证的缺失并未让我觉得惊讶。这些都是家庭手工业，几乎不会留下遗迹。然而，在未来我们还是有希望从这些珠子本身找到一些答案，同时使用同位素分析和微量

尾声　古古拉特邦

元素分析方法直接分析这种矿物的工作正不断取得进展。原则上，这两种方法都可用于匹配特定珠子的化学特征与某个可能的地理来源。目前还没有足够的参考资料，但我相信这很快就能实现。

在我离开印度前，我去了苏拉特外肯帕德湾的一个海滩（在原来的港口肯帕德，港口已完全淤塞，不能再供船只使用）。我想看看大海，我向西眺望时，想起了所有那些受宝石全球贸易影响的人。在17和18世纪，红玉髓珠可用来在中非购买奴隶：一串红玉髓珠可以买一个奴隶。在非洲海岸，以前沉船上的货物经常被冲上岸，海滩上发现的小珠子提醒着我们这令人毛骨悚然的交易，一些人甚至认为这便是"海上丝绸之路"的全部。

回到维京时代，东方白银停止流动时，这种珠子的贸易便也随之渐渐消失。洪水变成涓涓细流，最后几近完全不见。然而，其多年来带来的变化是巨大的。由于金属的诱惑，以及那些沿东部河流长途跋涉的人的冒险和创业精神，全新的国家直接或间接地形成了。

数百年来，骆驼商队往来中东内陆沙漠，货物、人和思想也随之迁移。在那里的某处，河上国王们被纳入丝绸之路的高速网中，包括珠子在内的物品沿着古老的路线往来运送以满足西方新的需求。他们的故事就这样交织在一起，成了一条任何人都无法想象的缎带。

致谢

本书是近十年的研究成果，我非常感谢一路上支持我的每一位。我要感谢我可爱的经纪人特莎·大卫（Tessa David）将一系列模糊的想法变成一本真正的书［还有劳里·罗伯森（Laurie Robertson），在特莎不在时接手负责］，还有彼得斯（Peters）、弗雷泽（Fraser）和邓洛普（Dunlop）优秀团队的其他成员，他们都非常照顾我。我非常感谢我的编辑阿拉贝拉·派克（Arabella Pike）一开始给了我机会并提出她极富洞察力的见解，还有哈珀柯林斯的其他所有人，尤其是伊恩·亨特（Iain Hunt）和乔·汤普森（Jo Thompson），感谢他们为了将这本书比初稿改得更好所做的一切。

就本书的相关研究，我要感谢很多人对我的帮助和支持（也对那些无意遗漏的人表示歉意）：

感谢马丁·比德尔让我有机会继续研究雷普顿的材料，并且愿意花时间如此慷慨地分享他的研究和知识。遗憾的是，没见到比尔特·薛尔比-比德尔，但她的辛勤工作令我受益匪浅。感谢我的博士生导师和合作者马克·霍顿帮助我、鼓励我，还和我进行精彩的讨论。感谢亨利·韦伯（Henry Webber）与我们一同在雷普顿和福尔马克做的工作。感谢雷普顿教区牧师马丁·弗劳尔迪（Martin Flowerdew）的友好帮助，感谢他允许我们在他家的草坪上不停地挖大洞！感谢当地所有志愿者，尤其是玛格丽特（Margaret）和安迪·奥斯汀（Andy Austen），还有更重要的是多年来慷慨奉献时间志愿挖掘的人，不胜枚举但你们都很棒！感谢罗伯·戴维斯（Rob Davis）与我们分享他在福尔马克的发现。

感谢汤姆·霍恩（Tom Horne）阅读草稿、分享研究并回答各类问题，还有玛丽安·摩恩（Marianne Moen）有关维京女性的精彩讨论以及阅读草稿。感谢简·克肖的建议以及分享她优秀的研究，还有杰斯·特雷彻（Jess Treacher）对前期章节草稿的评论。其他许多同事也直接或间接地解答我的问题，而且多年来都支持我的工作，特别是朱迪思·耶施（Judith Jesch）、霍华德·威廉姆斯（Howard Williams）、尼尔·普赖斯（Neil Price）、莱斯利·艾布拉姆斯（Lesley Abrams）、塔玛尔·霍多斯（Tamar Hodos）、克莱尔·道纳姆（Clare Downham）和拉尔斯·费伦-施米茨。

感谢威廉·彼萨米基（William Pidzamecky）邀请我参与维佩济夫的挖掘并解答各种各样的问题，还要感谢2018年和2019年我们优秀的挖掘团队。我也非常感谢乌克兰的所有新同事，他们非常乐于分享他们的遗址发掘和研究，也很友好。

我还非常感谢伯纳德·康威尔（Bernard Cornwell）的鼓励和建议，感谢他如此慷慨地帮我实现了追寻红玉髓珠起源的梦想。

在伊斯坦布尔，感谢萨菲耶（Safyie）在城墙周围给我的专业指导。在印度，感谢安瓦尔·侯赛因·谢赫愿意为我花时间以及款待我，也感谢他分享自己制作红玉髓珠的绝技，还有他可爱的家人，以及普拉塔普·巴希（Pratap Bahi）和我们无畏的司机拉珠（Raju）。还要感谢库尔迪普·班（Kuldeep Bhan）教授立刻为我联系安瓦尔。

最后，非常感谢我最棒的家人，感谢他们一直以来的支持与耐心。

注释

1. 托尔之锤：骨

1 近年来，许多作品都讨论了维京时代的起源，比如 J. H. Barrett（2008），'What Caused the Viking Age?'，*Antiquity*，82（317）：671 – 686，and D. Griffiths（2019），'Rethinking the Early Viking Age in the West'，*Antiquity*，93（368）：468 – 477。

2 发掘细节参见 M. Biddle and B. Kjølbye-Biddle（1992），'Repton and the Vikings'，*Antiquity*，66：36 – 51. and M. Biddle and B. Kjølbye-Biddle（2001），'Repton and the "Great Heathen Army"，873 – 874'，in J. Graham-Campbell（ed.），*Vikings and the Danelaw: Select Papers from the Proceedings of the Thirteenth Viking Congress*，Nottingham and York，21 – 30 August 1997. Oxford：Oxbow Books。

3 这些有武器的墓葬是否应被视为"勇士"墓葬，通常这一点在考古学中是备受争议的。参见 e. g. N. Price，C. Hedenstierna-Jonson，T. Zachrisson，A. Kjellström，J. Storå，M. Krzewińska，T. Günther，V. Sobrado，M. Jakobsson and A. Götherström（2019），'Viking Warrior Women? Reassessing Birka Chamber Grave Bj. 581'，*Antiquity*，93（367）：181‐198. doi：10.15184/aqy.2018.258 with sources cited。

4　想全面了解朗纳尔·罗德布洛克传奇，参见 Chapter 2 of Eleanor Parker（2018），*Dragon Lords：The History and Legends of Viking England*. London：Bloomsbury Publishing。

5　J. Kershaw and E. C. Røyrvik（2016），'The "People of the British Isles" Project and Viking Settlement in England'，*Antiquity*，90（354）：1670‐1680.

6　任何生活在10世纪传递了基因的人现今都会有许多后裔，那么这一信息在今天看来就没有学术意义了。参见 Adam Rutherford（2016），*A Brief History of Everyone Who Ever Lived：The Stories in Our Genes*. London：Weidenfeld & Nicolson。

7　Catrine L. Jarman，Martin Biddle，Tom F. G. Higham and Christopher Bronk Ramsey（2018），'The Viking Great Army in England：New Dates from the Repton Charnel'，*Antiquity*，92（361）：183‐199.

8　这些可能是在团队（*lið*）的概念下组织起来的，这一概念指的是联合首领统领下的勇士群体或随从。参见 B. Raffield，C. Greenlow，N. Price and M. Collard（2016），'Ingroup Identification，

Identity Fusion and the Formation of Viking War Bands', *World Archaeology*, 48: 35 - 50。

9　T. D. Price, K. M. Frei, A. Siegried Dobat, N. Lynnerup and P. Bennike (2011), 'Who Was in Harold Bluetooth's Army? Strontium Isotope Investigation of the Cemetery at the Viking Age Fortress at Trelleborg, Denmark', *Antiquity*, 85: 476 - 489.

10　维京劫掠肯定发生在这两个地方，且新的研究表明也可能在伊比利亚半岛发现维京人的营地。参见 Irene García Losquiño (2019), 'Camps and Early Settlement in the Viking Diaspora: England, Ireland and the Case of Galicia', *Summa*, 13: 37 - 55。某些生理原因也可能导致氧的比例升高。

11　A. B. Gotfredsen, C. Primeau, K. M. Frei and L. Jørgensen (2014), 'A Ritual Site with Sacrificial Wells from the Viking Age at Trelleborg, Denmark', *Danish Journal of Archaeology*, 3: 145 - 163.

2. 迪拉姆：银换奴隶

1　S. Goodacre, A. Helgason, J. Nicholson, L. Southam, L. Ferguson, E. Hickey, E. Vega, K. Stefansson, R. Ward and B. Sykes (2005), 'Genetic Evidence for a Family-based Scandinavian Settlement of Shetland and Orkney during the Viking Periods', *Heredity*, 95 (2): 129 - 135.

2　参见 http://vikingmetalwork.blogspot.com/。

3　我非常感谢简·克肖促成了贾妮·奥拉维斯贾维（Jani

Oravisjärvi）的初步鉴定。

3. 船钉：河上国王

1　K. Hjardar and V. Vike（2016），*Vikings at War*. Oxford：Casemate Publishers，p. 139.

2　E. Andersson Strand（2016），'Segel ock segelduksproduktion i arkeologisk kotext'，in M. Ravn，L. Gebauer Thomsen，E. Andersson Strand and H. Lyngstrøm（eds.），*Vikingetidens sejl*. København：Saxo-Instituttet，Københavns Universitet，p. 22.

3　*The Younger Edda*. Chicago：Scott，Foresman and Company 1901），Kindle edition.

4　D. M. Hadley，J. D. Richards，H. Brown，E. Craig-Atkins，D. Mahoney Swales，G. Perry，S. Stein and A. Woods（2016），'The Winter Camp of the Viking Great Army，ad 872 – 873，Torksey，Lincolnshire'，*Antiquaries Journal*，96：23 – 67.

5　G. Williams（2013），'Towns and Identities in Viking England'，in L. Ten Harkel and D. M. Hadley（eds.），*Everyday Life in Viking-age Towns：Social Approaches to Towns in England and Ireland*，c. 800 – 1100. Oxford：Oxbow Books，p. 13.

6　引自 P. Holm（1986），'The Slave Trade of Dublin，Ninth to Twelfth Centuries'，*Peritia*，5：317 – 345，p. 325。

7　S. Mcleod（2006），'Feeding the Micel Here in England c. 865 – 878'，*Journal of the Australian Early Medieval Association*，2：144.

8 A. M. Heen-Pettersen（2014）,'Insular Artefacts from Viking-Age Burials from Mid-Norway. A Review of Contact between Trøndelag and Britain and Ireland', *Internet Archaeology*, 38.

9 C. Downham（2017）,'The Earliest Viking Activity in England?', *English Historical Review*, 132: 1-12.

10 Cited in K. Wolf（2013）, *Viking Age: Everyday Life During the Extraordinary Era of the Norsemen*. New York: Sterling, p. 119.

11 D. Száz, A. Farkas, A. Barta, B. Kretzer, M. Blahó, A. Egri, G. Szabó and G. Horváth（2017）,'Accuracy of the Hypothetical Sky-polarimetric Viking Navigation Versus Sky Conditions Revealing Solar Elevations and Cloudinesses Favourable for this Navigation Method', *Proceedings of the Royal Society : A: Mathematical, Physical and Engineering Sciences*, 473（2205）, 20170358.

12 Konungs-Skuggsja, from Angus Somerville and R. Andrew McDonald（eds.）（2019）, *The Viking Age: A Reader*. Toronto: University of Toronto Press, p. 333.

4. 佛陀：异国魅力

1 H. Haugen（2009）, *Menn og deres perler: En studie av menns bruk av perler med hovedvekt på Midt-Norge i yngre jernalder*. Master's thesis, Norges teknisk-naturvitenskapelige universitet, Det humanistiske fakultet, Institutt for arkeologi og religionsvitenskap.

2 J. Bill and C. L. Rødsrud (2017), 'Heimdalsjordet: Trade, Production and Communication', in Z. T. Glørstad and K. Loftsgarden (eds.), *Viking-Age Transformations*. Oxon: Routledge, pp. 212-231.

3 C. Kilger (2008), 'Kaupang from Afar: Aspects of the Interpretation of Dirham Finds in Northern and Eastern Europe between the Late 8th and Early 10th Centuries', in D. Skre (ed.), *Means of Exchange: Dealing with Silver in the Viking Age*. Århus: Aarhus University Press Kaupang Excavation Project, pp. 199-252.

4 S. Stos-Gale (2004), 'Lead Isotope Analyses of the Lead Weights from Birka, Sweden', in I. Gustin, *Mellan gåva och marknad: handel, tillit och materiell kultur under vikingatid*. Lund: Lund Studies in Medieval Archaeology.

5 U. Pedersen, T. Andersen, S. Simonsen and M. Erambert (2016), 'Lead Isotope Analysis of Pewter Mounts from the Viking Ship Burial at Gokstad: On the Origin and Use of Raw Materials', *Archaeometry*, 58: 148-163.

6 S. K. Wärmländer, L. Wåhlander, R. Saage, K. Rezakhani, S. A. Hamid Hassan and M. Neiß (2015), 'Analysis and Interpretation of a Unique Arabic Finger Ring from the Viking Age Town of Birka, Sweden', *Scanning*, 37 (2): 131-137.

7 这是一位荷兰语言学家玛吉·范·普腾（Marijn van Putten）2017年提出的，见https://twitter.com/PhDniX/status/920584737168723968。

8 T. Hodos (2018), 'Luxuries during the Mediterranean's

Iron Age Period', in A. Fletcher (ed.), *An Age of Luxury: The Assyrians to Alexander*. Hong Kong: Hong Kong Museum of History, pp. 10–23.

9　http://vikingmetalwork.blogspot.com/2017/11/islamic-coins-as-jewellery-finds-from.html.

10　E. Mikkelsen (1998), 'Islam and Scandinavia during the Viking Age', in E. Piltz (ed.), *Byzantium and Islam in Scandinavia. Acts of a Symposium at Uppsala University June 15–16 1996*. Åström, Gothenburg, pp. 39–51.

11　S. Oosthuizen (2019), *The Emergence of the English*. York: Arc Humanities Press.

12　A. Margaryan, D. J. Lawson, M. Sikora, F. Racimo, S. Rasmussen, I. Moltke, L. M. Cassidy, E. Jørsboe, A. Ingason, M. W. Pedersen, T. Korneliussen, H. Wilhelmson, M. M. Buś, P. de Barros Damgaard, R. Martiniano, G. Renaud, C. Bhérer, J. V. Moreno-Mayar, A. K. Fotakis, M. Allen, R. Allmäe, M. Molak, E. Cappellini, G. Scorrano, H. McColl, A. Buzhilova, A. Fox, A. Albrechtsen, B. Schütz, B. Skar, C. Arcini, C. Falys, C. H. Jonson, D. Błaszczyk, D. Pezhemsky, G. Turner-Walker, H. Gestsdóttir, I. Lundstrøm, I. Gustin, I. Mainland, I. Potekhina, I. M. Muntoni, J. Cheng, J. Stenderup, J. Ma, J. Gibson, J. Peets, J. Gustafsson, K. H. Iversen, L. Simpson, L. Strand, L. Loe, M. Sikora, M. Florek, M. Vretemark, M. Redknap, M. Bajka, T. Pushkina, M. Søvsø, N. Grigoreva, T. Christensen, O. Kastholm, O. Uldum, P. Favia,

P. Holck, S. Sten, S. V. Arge, S. Ellingvåg, V. Moiseyev, W. Bogdanowicz, Y. Magnusson, L. Orlando, P. Pentz, M. D. Jessen, A. Pedersen, M. Collard, D. G. Bradley, M. L. Jørkov, J. Arneborg, N. Lynnerup, N. Price, M. T. P. Gilbert, M. E. Allentoft, J. Bill, S. M. Sindbæk, L. Hedeager, K. Kristiansen, R. Nielsen, T. Werge, E. Willerslev (2020), 'Population Genomics of the Viking World', *Nature*, 585, 390–396.

13 M. Krzewińska, A. Kjellström, T. Günther, C. Hedenstierna-Jonson, T. Zachrisson, A. Omrak, R. Yaka, G. M. Kılınç, M. Somel and V. Sobrado (2018), 'Genomic and Strontium Isotope Variation Reveal Immigration Patterns in a Viking Age Town', *Current Biology*, 28: 2730–2738.

14 T. D. Price, C. Arcini, I. Gustin, L. Drenzel and S. Kalmring (2018), 'Isotopes and Human Burials at Viking Age Birka and the Mälaren Region, East Central Sweden', *Journal of Anthropological Archaeology*, 49: 19–38.

15 M. Krzewińska, G. Bjørnstad, P. Skoglund, P. I. Olason, J. Bill, A. Götherström and E. Hagelberg (2015), 'Mitochondrial DNA Variation in the Viking Age Population of Norway', *Philosophical Transactions of the Royal Society B: Biological Sciences*, 370: 20130384.

16 这项分析结果发表在 Per Holck (2006), 'The Oseberg Ship Burial, Norway: New Thoughts On the Skeletons From the Grave Mound', *European Journal of Archaeology*, 9 (2–3):

185－210。然而，研究人员不确定这些结果是否可能被污染以及未来是否会有新的分析计划。

5. 瓦尔基里：河上女王？

1　M. Krzewińska, G. Bjørnstad, P. Skoglund, P. L. Olason, J. Bill, A. Götherström and E. Hagelberg (2015), 'Mitochondrial DNA Variation in the Viking Age Population of Norway', *Philosophical Transactions of the Royal Society B: Biological Sciences*, 370: 20130384.

2　D. M. Hadley, J. D. Richards, H. Brown, E. Craig-Atkins, D. Mahoney Swales, G. Perry, S. Stein and A. Woods (2016), 'The Winter Camp of the Viking Great Army, ad 872–873, Torksey, Lincolnshire', *Antiquaries Journal*, 96: 23–67.

3　C. Hedenstierna-Jonson, A. Kjellström, T. Zachrisson, M. Krzewińska, V. Sobrado, N. Price, T. Günther, M. Jakobsson, A. Götherström and J. Storå (2017), 'A Female Viking Warrior Confirmed by Genomics', *American Journal of Physical Anthropology*, 164.4: 853–860.

4　另一个讨论集中关注 Bj. 581 号的非实际性别表征的可能性，以及个体在社会中的性别认同并非遗传学所示性别的可能性。

5　B. Tihanyi, Z. Bereczki, E. Molnár, W. Berthon, L. Révész, O. Dutour and G. Pálfi (2015), 'Investigation of Hungarian Conquest Period (10th c. ad) Archery on the Basis of Activity-induced Stress Markers on the Skeleton-Preliminary Results', *Acta Biologica*

Szegediensis, 59: 65-77.

6 J. Olrik and H. Raeder (eds.) (1931), *Saxo Grammaticus*: *Gesta Danorum*. Copenhagen: Gutenberg online archive (https://www.gutenberg.org/files/1150/1150-h/1150-h.htm).

7 N. Price (2019), *The Viking Way: Magic and Mind in Late Iron Age Scandinavia*. Oxford: Oxbow Books, p. 274.

8 A. M. Heen-Pettersen (2014), 'Insular Artefacts from Viking-Age Burials from Mid-Norway. A Review of Contact between Trøndelag and Britain and Ireland', *Internet Archaeology*, 38.

9 J. Kershaw (2013), *Viking Identities: Scandinavian Jewellery in England*, Oxford: OUP.

10 L. H. Dommasnes (1987), 'Male/Female Roles and Ranks in Late Iron Age Norway', *AmS-Varia*, 17: 65-77.

11 J. H. Barrett (2008), 'What Caused the Viking Age?', *Antiquity*, 82: 671-686.

12 B. Raffield, N. Price and M. Collard (2017), 'Male-biased Operational Sex Ratios and the Viking Phenomenon: An Evolutionary Anthropological Perspective on Late Iron Age Scandinavian Raiding', *Evolution and Human Behavior*, 38: 315-324.

13 M. Moen (2019), *Challenging Gender: A Reconsideration of Gender in the Viking Age Using the Mortuary Landscape*. Unpublished PhD thesis. Oslo: IAKH, University of Oslo.

14 A. Stalsberg (1991), 'Women as Actors in North European Viking Age Trade', in R. Samson (ed.), *Social*

Approaches to Viking Studies. Glasgow: Cruithne.

15 比尔卡 Bj. 965 号墓葬。

6. 主支：向东

1 F. Androshchuk (2008), 'The Vikings in the East', in S. Brink and N. S. Price (eds.), *The Viking World*. London: Routledge.

2 E. M. Peschel, D. Carlsson, J. Bethard and M. C. Beaudry (2017), 'Who Resided in Ridanäs?: A Study of Mobility on a Viking Age Trading Port in Gotland, Sweden', *Journal of Archaeological Science: Reports*, 13: 175–184.

3 P. Frankopan (2015), *The Silk Roads: A New History of the World*. London: Bloomsbury Publishing.

4 P. Frankopan (2015), *The Silk Roads: A New History of the World*. London: Bloomsbury Publishing.

5 C. Kilger (2008), 'Kaupang from Afar: Aspects of the Interpretation of Dirham Finds in Northern and Eastern Europe between the Late 8th and Early 10th Centuries', in Dagfinn Skre (ed.), *Means of Exchange: Dealing with Silver in the Viking Age* Volume 2, Århus/Oslo: Aarhus University Press Kaupang Excavation Project, p. 211.

6 Maya Shatzmiller (2005), 'The Role of Money in the Economic Growth of the Early Islamic Period (650–1000)', *American Journal of Comparative Law*, 3 (4): 785–834.

7　Jüri Peets, Raili Allmäe, Liina Maldre, Ragnar Saage, Teresa Tomek and Lembi Lõugas (2012), *Research Results of the Salme Ship Burials in* 2011–2012. Archaeological fieldwork in Estonia.

8　T. Douglas Price, Jüri Peets, Raili Allmäe, Liina Maldre and Ester Oras (2016), 'Isotopic Provenancing of the Salme Ship Burials in Pre-Viking Age Estonia', *Antiquity*, 90 (352): 1022–1037; and T. Douglas Price, Jüri Peets, Raili Allmäe, Liina Maldre and Neil Price (2020), 'Human Remains, Context, and Place of Origin for the Salme, Estonia, Boat Burials', *Journal of Anthropological Archaeology*, 58: 101149.

9　引自 Tatjana N. Jackson (2019), *Eastern Europe in Icelandic Sagas*. Leeds: Arc Humanities Press。

7. 颈环：罗斯人的故事

1　引自 Wladyslaw Duczko (2004), *Viking Rus': Studies on the Presence of Scandinavians in Eastern Europe*. The Northern World Series. Leiden: Brill, p. 32。

2　Gy. Moravcsik and R. J. H. Jenkins (eds.) (1967), *Constantine Porphyrogenitus. De administrando imperio*. Washington: Center for Byzantine Studies.

3　如尼石刻 G280 号，斯堪的纳维亚如尼文数据库，http://www.nordiska.uu.se/forskn/samnord.htm。

4　Einar Østmo (2020), 'The History of the Norvegr 2000 bc–

1000 ad', in Dagfinn Skre (ed.), *Rulership in 1 st to 14 th Century Scandinavia*. Berlin: De Gruyter, pp. 3 – 66.

5 参见 Anne Stalsberg (2001), 'Scandinavian Viking-Age Boat Graves in Old Rus'', *Russian History*, 28 (1/4): 359 – 401。

6 Søren M. Sindbæk (2003), 'Væringske vinterruter: slædetransport i Rusland og spørgsmålet om den tidlige vikingetids orientalske import i Nordeuropa', *Fornvännen*, 98 (3): 179 – 193.

7 Judith Jesch (2001), *Ships and Men in the Late Viking Age: The Vocabulary of Runic Inscriptions and Skaldic Verse*. Woodbridge: Boydell & Brewer, p. 257.

8. 珠子：十字路口

1 Nicholas J. Saunders, Jan Frolík and Volker Heyd (2019), 'Zeitgeist Archaeology: Conflict, Identity and Ideology at Prague Castle, 1918 – 2018', *Antiquity*, 93 (370): 1009 – 1025.

2 比如 Bj.1125b 号墓葬和 Bj.996 号墓葬，Charlotte Hedenstierna-Jonson (2012), 'Traces of Contacts: Magyar Material Culture in the Swedish Viking Age Context of Birka', in Tobias Bendeguz (ed.), *Die Archäologie der Frühen Ungarn: Chronologie, Technologie und Methodik: internationaler* 311。

3 Warren Treadgold (1989), 'Three Byzantine Provinces and the First Byzantine Contacts with the Rus', *Harvard Ukrainian Studies*, 12 – 13: 132 – 144; Charlotte Hedenstierna-Jonson (2009), 'Rus', Varangians and Birka Warriors', in Michael Olausson and

Lena Holmquist (eds.), *The Martial Society: Aspects of Warriors, Fortifications and Social Change in Scandinavia*. Stockholm: Archaeological Research Laboratory, Stockholm University, pp. 159 – 178.

4　Wladyslaw Duczko (2004), *Viking Rus: Studies on the Presence of Scandinavians in Eastern Europe*. The Northern World Series. Leiden: Brill.

5　Petr S. Stefanovich (2016), 'The Political Organization of Rus' in the 10th Century', *Jahrbücher für Geschichte Osteuropas*, 64 (4): 529 – 544.

6　Charlotte Hedenstierna-Jonson (2012), 'Traces of Contacts: Magyar Material Culture in the Swedish Viking Age Context of Birka', in Tobias Bendeguz (ed.), *Die Archäologie der Frühen Ungarn: Chronologie, Technologie und Methodik: internationaler Workshop des Archäologischen Instituts der Ungarischen Akademie der Wissenschaften und des Römisch-Germanischen Zentralmuseums Mainz in Budapest am 4. und 5. Dezember 2009*. Mainz: Verlag des Römisch-Germanischen Zentralmuseums, pp. 29 – 46.

7　Charlotte Hedenstierna-Jonson (2009), 'Rus', Varangians and Birka Warriors', in Michael Olausson and Lena Holmquist (eds.), *The Martial Society: Aspects of Warriors, Fortifications and Social Change in Scandinavia*. Stockholm: Archaeological Research Laboratory, Stockholm University, pp. 159 – 178.

9. 龙首：去米可拉加德和更远的地方

1 Ture J. Arne and F. Braun（1914），'Den svenska runstenen från ön Berezanj utanför Dnjeprmynningen：referat efter prof. F. Brauns redogörelse i Ryska arkeol. kommissionens meddelanden 1907'，*Fornvännen*，9：44-48.

2 E. A. Melnikova（2017），'A New Runic Inscription from Hagia Sophia Cathedral in Istanbul'，*Futhark*：101.

3 Thomas Thomov（2014），'Four Scandinavian Ship Graffiti from Hagia Sophia'，*Byzantine and Modern Greek Studies*，38（2）：168-184.

4 Judith Jesch（2001），*Ships and Men in the Late Viking Age：The Vocabulary of Runic Inscriptions and Skaldic Verse*. Woodbridge：Boydell & Brewer，p. 102. 给鹰食物的意义尚不完全清楚，但这可能表明是在战斗中。"年轻勇士"（Drengr）在这里可能指勇士或效忠首领的人。可参考这里引用的文献进行讨论。

5 Guy F. Isitt（2007），'Vikings in the Persian Gulf'，*Journal of the Royal Asiatic Society*，17（4）：389-406.

6 James Edgar Taylor（2014），'Vikings in the Gulf：Fact or Fancy?'，*Proceedings of the Seminar for Arabian Studies*，44：325-336.

7 Søren Sindbæk（2017），'Urbanism and Exchange in the North Atlantic/Baltic，600-1000ce'，in Tamar Hodos（ed.），

The Routledge Handbook of Archaeology and Globalization. New York: Routledge, pp. 553 – 565.

尾声 古吉拉特邦

1　https://www.caitlingreen.org/2019/04/king-alfred-and-india.html.

River Kings: A New History of the Vikings from Scandinavia to the Silk Roads by Cat Jarman
Copyright © Cat Jarman 2021
Translation copyright © 2025, by China Renmin University Press Co. , Ltd
All Rights Reserved.

图书在版编目（CIP）数据

维京人新史：从斯堪的纳维亚到丝绸之路 /（　）卡特·贾曼（Cat Jarman）著；王蓉译. -- 北京：中国人民大学出版社，2025. 1. -- ISBN 978-7-300-33110-2

Ⅰ. K530.7

中国国家版本馆 CIP 数据核字第 2024E4069C 号

维京人新史

从斯堪的纳维亚到丝绸之路

卡特·贾曼（Cat Jarman）　著
王蓉　译
Weijingren Xinshi

出版发行	中国人民大学出版社		
社　　址	北京中关村大街 31 号	邮政编码	100080
电　　话	010-62511242（总编室）		010-62511770（质管部）
	010-82501766（邮购部）		010-62514148（门市部）
	010-62515195（发行公司）		010-62515275（盗版举报）
网　　址	http://www.crup.com.cn		
经　　销	新华书店		
印　　刷	涿州市星河印刷有限公司		
开　　本	890 mm×1240 mm　1/32	版　次	2025 年 1 月第 1 版
印　　张	8.875 插页 4	印　次	2025 年 1 月第 1 次印刷
字　　数	185 000	定　价	89.00 元

版权所有　　侵权必究　　印装差错　　负责调换